ISBN 978-607-98664-8-8

Derechos reservados:
D.R. © Carlos Cuauhtémoc Sánchez. México, 2018.
D.R. © Ediciones Selectas Diamante, S.A. de C.V. México, 2018.
Mariano Escobedo No. 62, Col. Centro, Tlalnepantla, Estado de México,
C.P. 54000.
Miembro núm. 2778 de la Cámara Nacional de la Industria Editorial Mexicana.
Tels. y fax: (55) 55-65-61-20 y 55-65-03-33
Lada sin costo: 01-800-888-9300 EU a México: (011-5255) 55-65-61-20
y 55-65-03-33 Resto del mundo: (0052-55) 55-65-61-20 y 55-65-03-33
Correo electrónico: informes@esdiamante.com
ventas@esdiamante.com

www.carloscuauhtemoc.com
www.editorialdiamante.com

Carlos Cuauhtémoc Sánchez

ESTE DÍA
IMPORTA

DIAMANTE

Introducción

Acaba de terminar el año más raro en el planeta: 2020. El de la plaga SARS-COV2 que acabó con cientos de miles de vidas, millones de empresas, empleos y proyectos en todo el mundo. Fue un año en el que todos cambiamos nuestra forma de vivir y ver la vida.

Entre muchas de las cosas sorpresivas que trajo para mí ese año pandémico, hay una extraña carta. Jamás la esperé. Cuando la leí, me quedé impactado, sabiendo que debía hacer algo.

La carta primero me desconcertó y después me llevó a recopilar buena parte del material que escribí durante 2020: la metodología sobre cómo enfocarnos en crear grandes días y añadir a cada uno (de forma consciente) un valor excepcional.

La extraña carta me conectó de nuevo con mi entrañable y querida amiga Ariadne. Tenía muchos años sin saber de ella.

Yo tuve tres amigos que marcaron mi juventud. Sheccid (me empujó, con un enamoramiento idealizado, a convertirme en escritor). Ariadne: su compañera pecosa y dulce, me sacó de mi timidez), y Salvador: me enseñó a divertirme y a reír.

He escrito mucho sobre Sheccid, pero no de Ariadne. La mujer con quien tuve una relación indescifrable, digna de análisis. Cuando yo era un adolescente tímido y lo único que sabía hacer era escribir, Ariadne tuvo la paciencia para escucharme e invitarme a hablar. Se convirtió en la única persona con quien me sentía cómodo charlando. Llegamos a tener pláticas tan profundas que nos hicimos grandes amigos. Pero cuando Ariadne abandonó la adolescencia, se convirtió en una de las mujeres más sensuales y hermosas que conocí, nuestras charlas intimistas se contaminaron por deseos corporales difíciles de contener. Mis instintos masculinos me consumían por ella, y aunque ella estaba enamorada de mí, de manera inexplicable (así de extraños e insondables son los caminos del cerebro humano), mi espíritu no la amaba como mujer. Teníamos una relación atrayente y repelente a la vez, como los cables de alto voltaje que, aislados, se complementan, pero que ante la más mínima fisura en su cubierta se queman y hacen explosión. Muchas veces pude embarcarme con ella en una aventura en la que, al menos, las ansias físicas de los dos se vieran satisfechas. Pero nunca quise. La respetaba de forma tajante, como se respeta a una hermana o a una madre. Era tanto mi cariño amistoso hacia ella que puse barreras para no vulnerar nuestra relación. Ella interpretó eso como desprecio y nuestra relación se dañó de todas formas.

Dejamos de vernos por largo tiempo. Supe que tuvo varios noviazgos infructuosos. También supe que en una junta de exalumnos encontró a mi amigo Salvador, con quien comenzó a salir. Se hicieron novios. Tal vez Salvador

Ninguna crisis es más fuerte que tú

le recordaba algo de mí, o tal vez ella halló en él lo que yo nunca le quise dar.

La última vez que vi a Ariadne y a Salvador fue en su boda. Me invitaron, creo que por compromiso. Yo estaba recién casado con una mujer maravillosa que ha sido mi compañera desde entonces. Aunque asistí a la boda de mis dos entrañables amigos de la juventud, no me pidieron que participara en la celebración. Ni mi esposa ni yo fuimos requeridos como padrinos, ya no se diga de arras, lazo o anillos, pero ni siquiera de cojines, arroz o recuerditos. Fui testigo de su casamiento y presencié la ceremonia con lágrimas en los ojos, conmovido de verdad, deseándoles que fueran felices como en los cuentos.

Nunca volví a saber de Salvador y Ariadne. No los busqué jamás ni ellos a mí. Comprendía que había algo en mi persona que les incomodaba. Con toda seguridad, Ariadne le confesó a su esposo el amor que me tuvo; ese amor obsesivo compulsivo, casi tan enfermizo y anormal como el que yo le tuve a su compañera Sheccid. Y por eso quizá Salvador prefirió cortar nuestra amistad. Yo hubiera hecho lo mismo. Ariadne era una diosa, una mujer hermosísima e inteligente; y cualquier hombre que se hubiese casado con ella se sabría tan afortunado, que habría hecho lo posible por impedir que su esposa tuviera ojos para alguien más; ni siquiera de forma retrospectiva. Ese debió ser el final de la historia, de no ser por la llegada de esa extraña carta.

Querido lector[1]: la vida está conformada por días, y los días se van muy rápido. Tanto que, cuando menos nos demos cuenta, se nos habrán acabado. Como le pasó a Ariadne.

---

1 Léase lectora, también. En este libro evito hacer aclaraciones respecto al género de las palabras. Todo lector (lectora) inteligente entiende que, en el castellano, la morfología gramatical de adjetivos y adverbios masculinos comprende a hombres y mujeres. (Amigas defensoras de la igualdad de género: el idioma español, tal como es, las incluye a ustedes también).

Ninguna crisis es más fuerte que tú

1

Querido José Carlos:

Mi abuelo falleció por el virus SARS-COV2. Era un artista plástico excepcional. Sus pinturas y esculturas han dado la vuelta al planeta. A pesar de ser una persona pública famosa, tuvo un sepelio desierto y una cremación rápida, como si el mundo entero quisiera deshacerse cuanto antes de su cuerpo.

No pudimos estar con él en sus últimos momentos, no pudimos abrazarlo ni darle el consuelo, ni el amor, ni el apoyo espiritual que merecía, y que él siempre nos dio.

Este virus es así. Con algunos convive pacíficamente y a otros les arranca no solo la vida, sino la dignidad de la muerte.

Ahora, en la casa de mi abuelo vivimos solo tres personas: mi padre, mi hermano menor y yo. La finca es enorme y cada uno está procesando el duelo de forma aislada. Eso hace que el sitio se sienta todavía más grande y frío.

Ayer entré a la habitación de mi papá a llevarle su cena. Lo encontré debajo del escritorio. ¡Estaba hecho un ovillo con la cabeza pegada al suelo, metido en el hueco para las piernas! Me asusté. Le pregunté qué le pasaba y me di cuenta de que estaba llorando; no quiso hablar, ni moverse. *Se encontraba sin energías... Nunca lo había visto desmoronarse así. Ni siquiera cuando murieron mi madre y mi hermano mayor. En aquella ocasión también a mi papá lo perseguía la culpa de no haber estado ahí; decía que él pudo haber evitado el accidente. Pero a pesar del remordimiento, logró recuperar la fuerza y levantarse.*

Ahora es distinto. Peor. De nuevo la culpa lo ahoga como si tuviese una losa de concreto encima, aunque esta vez, a su entender, él fue quien causó el accidente. No para de decir: "Yo traje el virus a la casa y contagié a mi propio padre".

Dejé su cena sobre la mesa y salí del cuarto mareada, confundida. Contagiada de un agotamiento físico y emocional que me llevó a los linderos del desmayo.

Fui a buscar a mi hermano menor y me di cuenta de que no estaba. Tal vez había escapado de nuevo para emborracharse o drogarse. Entonces me desplomé en el sillón de la sala, sin poder llorar, pero ahogada por una profunda congoja. Apenas tuve fuerzas para tomar mi computadora y te busqué en internet.

He leído varias veces tu libro en el que hablas de Sheccid y Ariadne. Sé de memoria cada detalle. Crecí enamorada del personaje principal, pero también enojada con él, porque se dejó despreciar por Sheccid y nunca le hizo caso a Ariadne (quien de verdad lo amaba). Aunque la historia sucedió hace más de cuarenta años, la forma como planteas el amor ideal entre los jóvenes sigue vigente. Tú has sido mi guía y mi inspiración durante mucho tiempo. Al igual que Ariadne, te amé en secreto y al igual que Ariadne, aprendí a olvidarte. Ahora, no sé por

Ninguna crisis es más fuerte que tú

qué, me acordé de ti. Estoy viviendo una situación de extremo dolor.

Entré a tu grupo de redes que llamas CLUB "CREADORES DE DÍAS GRANDIOSOS". Había una reunión por Zoom. Me uní y me quedé quieta, escuchando, nutriéndome con lo que le decías a tus amigos y con lo que ellos te decían a ti. Me gustó el ejercicio de apoyarse mutuamente y de enfocarse en el día a día para lograr salir de la crisis.

Soñé con la fábula de aquel hombre que estaba a punto de morir y encontraba una bolsa de piedras en la orilla del río. El concepto de aprovechar cada día al máximo, porque eso es lo único en lo que tenemos control, me retumbó durante el sueño. En esta casa, mi padre, mi hermano y yo estamos tirando, como esas piedras al río, nuestros días a la basura, uno a uno, desde que murió mi abuelo.

Hoy en la mañana fui a ver a mi papá y lo hallé dormido. Lo invité a salir del cuarto. No quiso. Giró sobre su cuerpo y se tapó con las cobijas. Le dije:

—Tienes que reponerte, papá; cada día importa y estás desperdiciando tus días.

Me contestó con voz muy baja:

—Ya nada tiene sentido. Perdí mi trabajo y perdí a mi familia.

Me quedé fría al escuchar esas palabras. ¿Y yo qué soy para él? ¿Su mascota? ¿Su sirvienta? ¿Un fantasma? ¿Y mi hermano menor no cuenta? Le di la oportunidad de corregir y le pregunté:

—¿No nos consideras tu familia? ¿Ni a mí ni a Chava? Hasta donde sé, todavía te quedan dos hijos, que, por cierto, se sienten muy solos y te necesitan.

Pero no contestó.

¿Por qué un hombre como él, que siempre fue ejemplo de trabajo y fuerza, ahora está tan disminuido? Parece un muñeco mecánico al que le quitaron las baterías.

José Carlos. Te escribo esta carta para pedirte un favor enorme. Sé que tal vez te parezca descabellado. Sin embargo, estoy desesperada y no te lo pediría si no fuera importante. Quiero que vengas a la casa, que hables con mi padre, que platiques con mi hermano y conmigo. Mi papá te conoce. Te conoce muy bien; y tú a él. Se llama Salvador. Estudiaron juntos la secundaria y el bachillerato. ¿Lo recuerdas? Salvador, tu amigo.

Por cierto, se me olvidó decírtelo: mi madre era Ariadne.

Atte.

Amaia

2

La lectura de los últimos párrafos de la carta me provocó un escalofrío lento y profundo que recorrió mi piel desde la punta de los pies hasta la coronilla. Después me quedé quieto, respirando con rapidez. Tardé en razonar.

¿La hija de Ariadne me había escrito?

¿Y dijo que su madre había muerto? ¿Eso entendí?

Repasé los párrafos con mucho cuidado.

Sí. Eso decía. Al parecer, Ariadne murió en un accidente junto a su hijo mayor. Le sobrevivían su hija inter media, su hijo menor, quien por lo visto se había vuelto drogadicto, y su esposo, Salvador, mi viejo amigo.

Al repasar la carta, atrajo mi atención que la hija de Ariadne se hubiese animado a escribirme solo después de escuchar la reunión del CLUB "CREADORES DE DÍAS GRANDIOSOS" en la que hablamos de una fábula, una bolsa de piedras a la orilla del río, y el concepto apremiante de aprovechar cada día.

Estaba tan impactado, que fui a mis apuntes y repasé lo que había movido a la chica a contactarme.

LA PERLA DE ESTE DÍA

Un hombre caminaba por la ribera de un caudaloso río. Estaba preocupado porque le habían diagnosticado una enfermedad incurable y no tenía dinero para dejarle a su familia. Si él moría, su esposa y sus cinco hijos quedarían desprotegidos. Entonces se sentó frente al río y rogó:

—Dios, tú sabes que he tenido una vida difícil e intensa; años buenos y malos, pero sobre todo malos; he cometido aciertos y errores, sobre todo errores; un largo historial de éxitos y fracasos, sobre todo fracasos. A pesar de eso, también sabes que soy un hombre que ama a sus hijos y a su esposa. Ahora que voy a morir, ayúdame a dejarles algo para mantenerse.

Se hizo de noche; el hombre caminó encorvado y desanimado. Pensó que el Creador estaba demasiado ocupado para escuchar su oración.

En la oscuridad de la noche halló una bolsa de piedras de río. Algún niño la habría dejado ahí. Entonces comenzó a pedirle un milagro a las piedras, como hacen los supersticiosos cuando arrojan monedas a las fuentes. Aventó una a una, pidiendo deseos. Cuando le quedaba la última, antes de arrojarla, se dio cuenta de que era demasiado tersa; la miró de reojo y descubrió que se trataba de una perla de gran valor. En su sorpresa la dejó caer, y el río profundo y caudaloso se la llevó.

Volvió a sentarse para mirar la vertiente; asustado, enfadado, asombrado; cerró los ojos y pudo percibir en su interior la voz de Dios que lo amonestaba:

Ninguna crisis es más fuerte que tú

—Te regalé una bolsa con perlas. Cada perla representaba uno de los días extraordinarios que has creado en los últimos años. Era tu legado.

El hombre estalló en llanto y se desmoronó.

—Perdóname, Señor... Ahora entiendo que cada día que hice bien las cosas se convirtió en una perla, y esa era la herencia para mu familia. Déjame tenerla de vuelta por favor.

Caminó de regreso a su casa; encontró otra bolsa similar. La abrió esperanzado, y se dio cuenta de que solo tenía piedras. Aun así, la anudó y la llevó a su casa.

A la mañana siguiente su esposa lo despertó.

—Amor, ¿qué es esto? Anoche cuando llegaste dejaste una bolsa sobre la mesa. Dijiste que eran piedras. ¡Pero son perlas! ¿De dónde salieron?

El hombre, llorando de alegría, abrazó a su mujer y le dijo:

—Se me ha dado una segunda oportunidad. En esta bolsa está mi legado. No es mucho, pero todo lo bueno que he hecho en la vida se encuentra contenido aquí. Te lo obsequio, amor. Es el resumen de todos mis días.

Nuestra vida es una colección de días. Cada día puede (o no) ser una perla, dependiendo de lo que hagamos con él. Si en veinticuatro horas logramos ser productivos, constructivos, benéficos, positivos, convertiremos ese día en una perla. Podemos coleccionar cada perla engarzándola en un collar que representará nuestra vida.

Se dice que, al morir, veremos nuestro resumen. Un compendio de lo que hicimos en imágenes presentadas de manera rápida, como una sucesión de fotografías. De ser así, estaremos en presencia de los momentos más importantes (buenos y malos, pero importantes); de los días más remarcables de nuestra vida.

El "todo" está conformado por pequeños elementos. Y un "todo" fabuloso se conforma de pequeños elementos fabulosos. Un gran libro es una colección de grandes capítulos. Una gran obra de teatro es una colección de grandes escenas. Una gran amistad es una colección de grandes convivencias.

La vida es una colección de días. Una vida extraordinaria es una colección de días extraordinarios. Una vida miserable es una colección de días miserables. ¿Queremos tener una vida extraordinaria? Pues comencemos creando una colección de días extraordinarios. ¿Cuál es la diferencia entre lo ordinario y lo extraordinario? ¡El extra!, ese algo más que no tiene lo ordinario.

Somos creadores de grandes días. Por definición, el líder enfocado deja huella y trasciende porque se concentra en hacer de cada día un gran día. Hagamos que este día importe. No mañana ni pasado mañana. ¡Este preciso día! Porque es el único que tenemos, y el único que podemos moldear. Hagamos de nuestra vida una gran vida enfocándonos en hacer de cada día un gran día.

3

Después de leer la carta de Amaia y repasar los conceptos que la motivaron a escribirme, puse atención en el número debajo de su nombre. Eran diez dígitos de un celular.

No lo pensé dos veces. Le marqué.

Escuché una voz de mujer joven, con timbre peculiar, más grave de lo normal, como si hubiese enronquecido de tanto llorar.

—Hola —me identifiqué—. Soy José Carlos. El escritor.

Guardó silencio. Después de varios segundos corroboró:

—¿De veras eres tú?

—Sí, Amaia. Acabo de leer tu carta. Es increíble todo lo que me dices. La última vez que vi a tus papás fue cuando se casaron.

—Lo sé. No quise importunarte, pero de verdad necesito ayuda —aunque su voz era pausada y de dicción perfecta, dejaba entrever una clara mortificación—. Como te expliqué en la carta, mi papá está tan deprimido que no puede levantarse de la cama; parece, como te dije, un muñeco al que le han quitado las baterías.

Vivimos en una especie de rancho, en una mansión campestre que siempre fue el sitio más alegre y lleno de paz, pero hoy está envuelto en una sombra de muerte. La energía negativa es tan evidente, que pienso que mi padre podría suicidarse en cualquier momento.

—¿Dónde viven, Amaia? Dame tu dirección.

Comenzó a dictar.

—Espera —corrí por lápiz y papel. Anoté el domicilio; no me pareció conocido.

—Y eso, ¿dónde está?

—Es un fraccionamiento a las afueras de la ciudad. En el norte. Colinda con el bosque. Se llama Fincas de Sayavedra.

—Mañana voy. A las diez, ¿te parece bien?

—Sí. Perfecto.

¡Era la hija de Ariadne! Sentía como si mi propia amiga me estuviese pidiendo ayuda para su familia. Me dolía mucho que Ariadne ya no viviera, pero me asombraba la forma increíble en que este mundo redondo siempre nos regresa a los orígenes, y nos da la oportunidad de devolver el bien que recibimos.

—Gracias, José Carlos —dijo la joven—. Nunca pensé que me contestarías el e-mail. Mucho menos que me llamarías.

—Al contrario, Amaia. Gracias a ti por haberme buscado.

—¿Sabes? Me gustaría mucho empaparme de lo que hablan en ese grupo de lectores con quienes te reúnes en línea. En mi casa hay una debilidad crónica. Quisiera aprender a tener más energía. Y transmitírselo a mi papá y a mi hermano.

Todo el mundo tenía acceso a los videos que grabé durante la pandemia, pero nadie, hasta ese momento, tenía el material escrito con las ideas ordenadas. Pensé que, si organizaba mis apuntes del año y se los daba como un obsequio especial, lo apreciaría.

—A propósito, qué curioso —agregó antes de despedirse—. Justo en estos momentos, pensaba escribirte una segunda carta. Pero ya no voy a hacerlo. Mejor mañana platicamos.

—Hazlo. Me encanta tu forma de escribir; deberías ser escritora.

—Tengo una novela a la mitad.

—Pues termínala.

La imaginé sonriendo, con una combinación de esperanza y tristeza.

—Claro —contestó—. Algún día.

Después de la llamada, escribí un texto que copio a continuación. Luego me dediqué varias horas a organizar mis apuntes del CLUB "CREADORES DE DÍAS GRANDIOSOS" y a imprimirlos. Se los llevaría como regalo.

Estamos en el primer trimestre de 2021; se habla de una vacuna que no llega y el mundo sigue adaptándose a una nueva normalidad.

Los noticieros de diciembre fueron escalofriantes. Vimos en el resumen del año escenas de calles vacías, negocios cerrados, hospitales del mundo atestados de enfermos, coliseos llenos de cadáveres, personas aplaudiendo por la ventana para saludarse de un edificio a otro, niños y jóvenes estudiando a distancia, pegados a un monitor. Recordamos la forma en que estuvimos encerrados, y nuestros propósitos fueron amputados. Nos dijeron "quédate en casa", "no trabajes", "no vayas a la escuela", "deja de ponerte metas", "no hay dinero", "no vas a ganar dinero", "el comercio está en pausa", "las finanzas a la baja".

El año que pasó nos dimos cuenta de cuán vulnerables somos y de lo frágil que es nuestra existencia. Comprendimos que el mundo real puede cambiar de un momento a otro, pero que nuestra verdadera batalla está en el mundo mental. Porque es ahí, en la mente, después de perder dinero, trabajo, crecimiento; después de ver nuestros planes y proyectos truncados; después de perder a un amigo o a un familiar por el virus, donde comienza el infierno.

En el cerebro, los pensamientos de culpa o preocupación pueden ser muy angustiosos. Además, estudiando en línea, hablando en línea, teniendo reuniones sociales en línea, conectados a dos o a tres pantallas a la vez, nuestra mente se ha vuelto un caos de confusión en el que reinan las emociones negativas.

Más que nunca debemos enfocarnos en el presente. Porque cualquiera que sea la problemática, por muy imponente que parezca la crisis, podemos enfrentarla y superarla si la desglosamos en pequeñas partes concretas de acciones por emprender.

Suena simple, pero es contundente: con enfoque y atención no hay nada que no podamos resolver.

4

ENERGÍA PARA CADA DÍA

Una persona sana tiene "energía". Sin energía te anulas, te duermes, te aletargas, enfermas, te mueres. Todo lo que haces es gracias a tu energía. Todo lo que *no* haces, es gracias a tu *falta* de energía. Sin energía en el día no te mueves, no respiras, no vives. La energía lo es todo. El objetivo de cada día es mantener un alto nivel de energía.

La energía emocional y la física se interrelacionan. De igual forma, el agotamiento físico y el emocional se unen. La fuerza física es como el dorso de tu mano y la fuerza emocional es como la palma. Son indivisibles. Están en planos distintos, pero siempre conectadas. Hay cuatro casos de generación y pérdida de energía. ¡Analízalos!

1. CUANDO *GANAS* ENERGÍA FÍSICA, *ganas* energía emocional. Por ejemplo: después de comer, se te quita el mal humor; al levantarte en la mañana estás más optimista; si llegas de correr en el bosque

o de andar en bicicleta ya no sientes tristeza. En estos casos, la fuente de tu fortaleza emocional fue física.

2. CUANDO *PIERDES* ENERGÍA FÍSICA, *pierdes* energía emocional. Por ejemplo, cuando enfermas o te da fiebre, te debilitas físicamente, y de inmediato te sientes de mal humor, irritable o triste. En estos casos la fuente de tu debilidad emocional fue física.

3. CUANDO *GANAS* ENERGÍA EMOCIONAL, *ganas* energía física. Por ejemplo, si recibes una gran noticia que te provoca alegría, de inmediato te dan ganas de bailar, cantar, saltar, moverte... En este caso tu fuente de energía física fue emocional.

4. CUANDO *PIERDES* ENERGÍA EMOCIONAL, *pierdes* energía física. Por ejemplo, si te enteras de que un familiar se accidentó; o de un peligro que te acecha, de inmediato te sientes débil. La fuente de tu debilidad física fue emocional.

Generemos energía física y emocional todos los días. Esa debe ser nuestra meta diaria. Si perdemos energía, perdemos todo. Así que la pregunta obligada es: ¿Cómo podemos elevar nuestros niveles de energía en lo cotidiano? Tres recomendaciones:

Ninguna crisis es más fuerte que tú

- **Primero que nada, muévete.** La acción quita el miedo. La acción quita la tristeza. La acción calma la ira. Cuando te sientes débil, lo peor que puedes hacer es quedarte encerrado. Dos síntomas de la depresión son el aislamiento y el sedentarismo. Las personas tristes y atemorizadas no quieren salir de su zona segura. Pero la primera forma de energizarnos es movernos: hacer ejercicio físico, correr, nadar, jugar con nuestro perro, salir al parque, cocinar, hacer limpieza profunda, organizar nuestras cosas; realizar actividades nuevas. Movernos es indispensable si tenemos algún problema específico: debemos asesorarnos, hacer llamadas telefónicas, pedir ayuda, reunirnos con gente. ¡Movernos!

- **En segundo lugar, piensa.** Piensa lo correcto. Lo que piensas de la gente, del dinero y de ti, te genera emociones. Si piensas que una persona cercana (quien tal vez tuvo una actitud áspera contigo) es desagradable e indeseable, entonces generarás emociones de rechazo y enfado contra ella, emociones paralizantes. Pero si decides cambiar tus pensamientos, y consideras que tal vez esa persona está pasando por una situación difícil, que está lidiando en secreto con un problema crítico del que tú no tienes la menor idea; si consideras (y tal vez sea verdad) que su conducta áspera se debe a sus heridas terribles y a que no encuentra descanso ni comprensión, de inmediato generarás buenos sentimientos hacia ella. Por eso piensa lo correcto. Piensa bien del dinero, del que tienes, del que tendrás. No te angusties porque las cosas van mal. Piensa que la tormenta pasará y podrás usar todas tus capacidades para reponerte financieramente. Piensa bien de ti. Eres suficiente. Eres importante. Eres necesario. Tu presencia es luz para otros y suma valor en donde estás. Piensa.

- **En tercer lugar, ama.** Amar es un sentimiento que proviene de pensamientos correctos. *Yo decido* pensar que ese hijo, esa pareja, ese lugar al que pertenezco forma parte de mí y quiero darle lo mejor. Entonces lo amo. Y al amar me comprometo a levantarme y esforzarme por tener energía para todo lo que amo.

Tu primer objetivo diario es tener energía. Física y emocional. Por eso muévete, piensa y ama.

Las personas nos contagiamos energía. Buena y mala. Estudios científicos modernos exponen que no solo el cerebro tiene neuronas, sino también el corazón. Y ambos órganos, interconectados como centro operativo del cuerpo, generan un proceso de neurogénesis que emite ondas electromagnéticas. La energía emanada de la mente y el músculo cardiaco se ha llegado a medir hasta en tres metros de radio alrededor del ser humano. Todos tenemos una capacidad de radiación invisible y todos podemos percibir las ondas electromagnéticas de los demás. Dependiendo de pensamientos y actitudes, al convivir con otros, podemos experimentar una sumatoria o una disminución de nuestra propia energía. Y decir esto es decir mucho. Entender esto es entender la vida. Porque nosotros SOMOS energía. Y hay personas que nos SUMAN (+) energía y engrandecen lo que SOMOS, pero también hay PERSONAS que nos RESTAN (-), energía y menguan nuestra esencia.

En el CLUB "CREADORES DE DÍAS GRANDIOSOS" decimos: *Eres más grande de lo que te imaginas, el mundo te necesita, haz de este un gran día, y de tu vida una gran vida.* Eso es posible porque irradias buena energía; porque de forma consciente y voluntaria sumas valor a los lugares que tocas. Comienza la nueva etapa de tu vida decidiendo tener altos niveles de energía *cada día*.

5

Querido José Carlos:

Acabamos de hablar por teléfono. Tu llamada fue totalmente inesperada. Todavía no acabo de creerlo.

Estaba tan feliz que le mandé un mensaje de texto a mi novio. Le dije que había hablado contigo y que vas a venir mañana a verme.

De inmediato me marcó muy enojado. Me dijo que yo estaba desdoblándome psicológicamente sin darme cuenta, buscando tener un amorío con el hombre a quien mi madre siempre amó. ¿Puedes creerlo? Le dije que estaba loco y cambió su teoría por otra igualmente monstruosa: me dijo que entonces tal vez estaba tratando de seducirte sexualmente como revancha por las heridas que alguna vez le hiciste a mi mamá. No sé cómo se le pueden ocurrir tantas sandeces. Terminamos peleando y me colgó el teléfono. No entiendo cómo un hombre tan dulce y amoroso, a veces puede hacerme sentir como basura.

Alrededor de mí, hay mucho negativismo.

Yo tengo un negocio de entrenamiento organizacional. Se llama Mentalidad Fénix. Hacemos campamentos escolares y jornadas de trabajo para empresas. Fundé Mentalidad Fénix con la ayuda y el capital de mi abuelo. Nunca pudimos despegar, y menos ahora que nos cayó

Ninguna crisis es más fuerte que tú

esta maldita peste. He mantenido al equipo de trabajo con mucho esfuerzo y estamos en una lucha a muerte por reinventarnos (a muerte porque nos encontramos a punto de cerrar). Bueno, pues aunque yo soy la dueña de Mentalidad Fénix, mi novio es el gerente de operaciones. Y una de las cosas más terribles que me está sucediendo ahora es tener que lidiar con su incongruencia; él sigue dando asesorías sobre positivismo, pero en privado, al menos conmigo, es una fuente insufrible de negativismo. Mauro se la pasa hablando mal de todo (y todo es todo): el gobierno, la pandemia, la economía, la corrupción, la delincuencia, las noticias, los empresarios abusivos, los pobres, los ricos, nuestro fatal destino, su novia (yo), mi familia, mi pasado... ¡No sabes lo desgastante que es tratar de salir del atolladero y encontrar objeciones para cualquier cosa que digo! En parte sé que Mauro tiene razón, porque estamos (sobre todo yo) en medio de una tragedia. Y porque mi vida es un desastre (como él dice), tengo mala estrella y me persigue la desgracia (también como él dice). La poca energía que me queda, la pierdo cuando él me visita o me llama.

A pesar de su nefasta conducta por teléfono, yo seguía feliz por haber hablado contigo y fui con mi papá para contarle. Le dije que mañana vendrás a vernos y le pregunté si no le daba gusto encontrarse con un amigo tan importante de su juventud. Mi papá se enojó aún más que Mauro. Usó una palabra que suele usar conmigo con frecuencia. "Estúpida". Para él, todas mis iniciativas desde que era niña han sido estúpidas. Me dijo muchas cosas que me lastimaron, y que no repito aquí para no lastimarte a ti también.

¿Sabes?, me siento agotada, cansada de luchar contra una corriente de pesimismo que, al final, me está aplastando. La muerte de mi abuelo parece un profundo hoyo negro que nos ha tragado. Hago un esfuerzo por seguir mi vida normal y no puedo. ¡No puedo, José Carlos! Estoy exhausta física y emocionalmente. Soy una mujer que siempre luchó por ganarse el cariño de su padre. Pero él solamente tenía ojos para Rafael, mi hermano mayor. Toda la vida me trató con desprecio e indiferencia. Tanto a mí como a Chava, su hijo más pequeño. Siento que cuando murió mi mamá, Chava y yo nos quedamos huérfanos de padre y madre; Chava ha sufrido otras adversidades terribles que, sumadas a su orfandad, lo llevaron a volverse adicto al alcohol, y tal vez a la droga.

Por mi parte, una inseguridad secreta me inutiliza. Mis historias de amor han sido, todas, fallidas. He anhelado encontrar en algún hombre el cariño, la paciencia, la amistad y la guía que debí recibir de mi papá. Pero a toda hora, con cualquier persona, me siento impropia e inoportuna. Estoy cansada de vivir acongojada; me desgasta tener que cuidar tanto lo que digo y lo que hago. Me duelen mucho las críticas de mi papá, y ahora, me paralizan las de Mauro.

No te imaginas cómo echo de menos a mi abuelo. Él era un hombre amable, apacible, sabio, pero también enérgico y decidido. Un líder hacedor. Conquistador de retos. Creador de grandes días. Creo que si estuviera vivo, tú y él podrían ser grandes amigos. Como ya no está, por eso te escribo a ti.

Sé que después de todas estas confesiones tal vez te haya quitado las ganas de venir, pero por favor no vayas

Ninguna crisis es más fuerte que tú

a retractarte. Ansío que pase rápido esta noche para co-nocerte. Ya no tengo a mi abuelo cerca y me hace falta un amigo en quien confiar.

Te veo mañana. Por favor no toques la puerta. Encontra-rás la casa cerrada, pero yo saldré a buscarte.

Amaia.

6

PENSAMIENTOS Y EMOCIONES

Las palabras mueven ideas y las ideas emociones. René Descartes estableció que los pensamientos corresponden a la esfera racional y que nada tienen que ver con las emociones, pero hoy sabemos, y se ha demostrado, que las teorías cartesianas han sido perjudiciales y erróneas. El escepticismo metodológico que nos invita a racionalizar todo y a dudar de todo es contrario a lo que la ciencia ha demostrado: pensamientos y emociones están íntimamente ligados; son causa y efecto, origen y resultado, antecedente y consecuente. Pensamientos y emociones son, en esencia, lo mismo. No lo olvidemos: las palabras mueven ideas y las ideas emociones. ¡Podemos controlar lo que pensamos, por lo tanto, podemos controlar lo que sentimos!

Alguna vez discutí con un amigo enojado crónico. Traté de explicarle que tenemos posibilidades de controlar lo que sentimos. Mi amigo protestó. Dijo: "¡De ninguna manera puedo controlar lo que siento! Si alguien me cae mal, me cae mal, punto; o si algo me da rabia, me da rabia; o si estoy harto y fastidiado, así es como me siento y no me salgas con que la vida es hermosa y puedo sonreír

Ninguna crisis es más fuerte que tú

¡porque no es verdad! Las emociones son totalmente involuntarias".

Hay pruebas que miden las ondas cerebrales. Mediante electrodos conectados al cerebro se ha demostrado que los pensamientos de una persona le producen ansiedad, terror, preocupación, ira, excitación sexual, amor, alegría, tranquilidad, odio y demás. El corazón late más o menos rápido *justo por lo que pensamos*. Todo está interconectado. Cuando un psicoterapeuta le dice a su paciente: "Imagínate recostado en una playa apacible, escucha las olas del mar, siente la temperatura perfecta y piensa que no tienes nada de qué preocuparte", los aparatos registran tranquilidad y alegría. Cuando el terapeuta lleva el ejercicio de meditación guiada a que el paciente se imagine navegando en un río de aguas oscuras, y que de pronto un caimán salta sobre el bote y lo ataca con sus enormes mandíbulas, las ondas cerebrales registran emociones de terror.

Los pensamientos generan emociones. Es científicamente incuestionable. La pregunta obligada ahora es: *Si lo que yo pienso es la causa de lo que siento, ¿puedo controlar lo que pienso?* Le dije a un grupo de niños: "Cierren los ojos e imaginen que tienen un perrito pequeño en sus brazos. Acarícienlo, ahora vean cómo ese perrito comienza a inflarse como globo de helio, le sale pelo rosa y se va volando por los aires dando vueltas y cantando: *En la granja del tío Juan ía, ía, oh*". Los niños se pusieron felices con la imagen y empezaron a cantar y dar vueltas. Lo entendieron. Ellos podían imaginar lo que quisieran.

Hagamos el ejercicio nosotros. Piensa en un bebé. Dulce y tierno. Ahora piensa que a ese bebé le crecen las orejas y la nariz hasta convertirse en elefante. Ahora piensa que mueve las orejas y vuela. Es obvio. ¡Puedes pensar lo que quieras! Porque sí, tienes control sobre tus pensamientos. Entonces, por lógica, también tienes control sobre tus sentimientos.

Cuentan que una señora siempre estaba de mal humor. Ella rentaba los cuartos de su casa para estudiantes. Cierto día en la madrugada, un estudiante se levantó a estudiar en la mesa del comedor. Se quedó extasiado viendo los colores de un hermoso amanecer. Entonces pasó por ahí la señora malhumorada dueña de la casa; iba rumbo a la cocina por un vaso de agua. El joven le enseñó los colores del cielo. Le dijo: "Mire señora ¡mire! ¿ya vio? La señora observó la ventana tratando de entender lo que el joven le señalaba. El muchacho insistió: "¡Es increíble!, ¿no cree?". Entonces la mujer torció la boca enfadada y contestó: "¡Ya, ya, no te quejes tanto!, al rato mando lavar los vidrios!

Lo que pensamos nos provoca desdicha o alegría. Ira o paz. Tristeza o esperanza. Cuando sucede algo malo ¿qué es lo primero que se viene a tu cabeza?: *¿Quién se equivocó?, ¿por qué pasó esto?, ¿quién tuvo la culpa?, ¡lo sabía!, ¡no se puede confiar en nadie!, ¡es un desastre!, ¡las cosas se van a poner peor!, ¡no hay esperanza!, ¡me quitaron mucho!, ¡perdí mucho!, ¡nadie me quiere!, ¡todo me sale mal!, ¿por qué a mí?* Las ideas nocivas, de manera lógica e inmediata, generan emociones de indignación, enfado, desilusión, temor, desamparo, rabia... Pensemos ahora en ideas menos comunes, pero también posibles frente a un problema. *"¡No importa quién tuvo la culpa!", "¡si alguien se equivocó fue sin querer!", "la gente es buena", "tarde o temprano todo se resuelve", "¡somos privilegiados!", "¡tenemos mucho de qué dar gracias!", "¡unidos somos más fuertes!".* Ante ideas constructivas, de manera automática sentiremos emociones de esperanza, ilusión, alegría, tranquilidad y paz interior.

De estudiante fui campeón de ajedrez. Recuerdo que, durante un torneo, mi contrincante comenzó a apretarse las mejillas y a arañarse la cara. Estaba tan enfurecido por ir perdiendo la partida, que sus pensamientos lo traicionaron. Me impresionó ver cómo unos hilos de sangre comenzaron a bajarle por la cara. Pensé que en cualquier momento aventaría el tablero.

El maestro de este joven se dio cuenta y lo regañó. Le dijo:

—Tranquilo. Respira, concéntrate, piensa qué hacer, y usa tu turno para mover con inteligencia. Si pierdes, de todas maneras ganas, porque diste pelea hasta el final.

El chico no logró enfocarse. Tiró a su rey y se fue.

No hay situación grave para quien domina su mente. Si aprendemos a enfocarnos en las cosas que nos quedan, en las posibilidades que todo problema ofrece, en la oportunidad de estar vivos y en hacer cosas nuevas, podremos romper cualquier muralla y nos llenaremos de fuerza emocional. Al final, nuestra primera meta de cada día es esa: mantener altos niveles de energía.

Ninguna crisis es más fuerte que tú

7

Puse la dirección en el GPS de mi celular y seguí las instrucciones con cuidado. Pero el aparato me hizo dar vueltas en círculos. Por lo visto, la base de datos del mapa digital no tenía registrado el domicilio de Amaia. Me detuve para llamarla por teléfono. No contestó. Volví a marcar. Nada. Tal vez su casa estaba en áreas remotas con mala señal telefónica, pero descarté la idea al recordar que la noche anterior hablamos con una transmisión perfecta.

Apagué el GPS y traté de descifrar la ruta por mis propios medios preguntando a los escasos transeúntes que encontraba.

Aunque estaba desvelado, me sentía entusiasmado por conocer a Amaia; había trabajado toda la noche preparándole el regalo de un pequeño libro impreso con el material del CLUB "CREADORES DE DÍAS GRANDIOSOS". También me sentía un poco nervioso por reencontrarme con mi viejo amigo Salvador. Tenía ganas de abrazarlo y zarandearlo. Si le había dicho "estúpida" a su hija por haberme invitado, era porque sentía un fuerte rechazo hacia mi persona. Aunque no entendía por qué. A Ariadne siempre la respeté, y con Salvador pasé momentos divertidísimos. ¿Qué pudo haberle pasado para que fuera capaz de proferir palabras condenatorias o maldicientes a su propia hija?

PROTEGE TU DÍA DE PALABRAS NECIAS

Las palabras tienen poder. Debemos cuidar lo que decimos y escuchamos. A veces otras personas nos dicen palabras de fatalidad. Si las oímos y creemos se abrirán cofres de pensamientos destructivos en nuestro cerebro. Esto puede pasar de la manera más inesperada. Porque el peor daño suele venir de a quellos en quienes confiamos: especialistas, familiares, amigos.

A una persona con autoridad sobre ti, la escuchas. Si alguien con más conocimientos te dice, viéndote de frente: "Estás en un problema, prepárate para lo peor, de esta no vas a salir, acabarás mal", sus palabras se convierten en la llave de un cofre maldito donde tenemos ideas autodestructivas.

El cerebro es poderoso. Está conectado a todas las funciones del cuerpo. Con mucha frecuencia los pensamientos se somatizan.

Una joven mujer siempre quiso embarazarse; estaba feliz porque al fin lo logró. Ella y su esposo hicieron una fiesta para anunciar el embarazo. Todos los felicitaron, y las felicitaciones fueron "palabras llave" que les abrieron muchos módulos mentales de ilusiones, amor y sueños de dicha.

Al terminar la reunión, el papá de la joven embarazada habló con ella. Le dijo:

—No te hagas muchas esperanzas. Un porcentaje muy alto de mujeres pierden a sus bebés en las primeras semanas.

La madre de la joven le dijo a su marido:

—No seas negativo. Eso no le va a pasar a nuestra hija. Ella no tiene ningún problema.

Pero el padre levantó la voz y casi gritó:

—Yo no soy negativo, soy realista. Estoy diciéndole la verdad. Que no se ilusione. Punto. ¡Cuántas mujeres han tenido abortos espontáneos en los primeros meses! ¡Conocemos a varias! ¡A ti misma te pasó!, y fue muy doloroso. Yo solo quiero que nuestra hija esté preparada.

Como la joven embarazada admiraba mucho a su padre, lo escuchó en silencio y no dijo nada. Pero esas palabras fueron la llave perfecta para abrir su cofre maldito y las ideas destructivas salieron causándole una terrible angustia. Esa noche no durmió. Estaba paralizada por emociones autodestructivas. Soñó pesadillas de aborto. Al día siguiente, tuvo cólicos menstruales y sangrado. Perdió el embarazo.

¿Casualidad? Puede ser, pero puede ser que no.

En este caso el papá le robó la energía emocional y física a su propia hija sin ningún interés de lastimarla. Y su hija no se dio cuenta del daño que le estaban causando las palabras de su padre.

Los padres solemos usar mal el lenguaje para educar. En nuestro afán de lograr que nuestros hijos obedezcan, a veces buscamos hacerlos sentir culpables, ignorantes, tontos o con miedo. Lo único que conseguimos es paralizarlos emocionalmente. Si reincidimos en esa forma de "educarlos", les ocasionaremos trastornos de inseguridad, ansiedad o depresión.

Protege tu día de palabras necias. Las palabras tienen poder. Las que dices y las que escuchas. Las palabras son llaves que abren módulos mentales; al abrirlos se generan pensamientos que provocan sentimientos e impactan en nuestra energía vital. Eres lo que eres por lo que dices y por lo que escuchas. Enfócate, este día, en decir lo bueno y en oír lo bueno. Haz de este un gran día.

Ninguna crisis es más fuerte que tú

8

Por fin llegué a la dirección. Veinte minutos tarde, fastidiado, de mal humor. Desde hace años *he decidido* pensar que la impuntualidad es un defecto imperdonable. Y *he decidido* sentirme mal cada vez que llego tarde a algún sitio. Así que me sentía mal. Aunque esta vez no había sido mi culpa. El rancho del escultor era demasiado inaccesible.

Estacioné el automóvil y apagué el motor. Miré alrededor.

No había nadie cerca.

El terreno estaba enmarcado por varias esculturas enfáticas. En la entrada había un caballo de mármol rosa de unos dos metros de altura, con trazos clásicos detallistas. Aunque podía apreciarse la robustez de su cuello, lomo y grupa, los pormenores más remarcables se veían en la crin y en la cabeza; estaba en posición de trote, y visto de frente, era una verdadera obra de arte. A escasos metros de distancia había un Quijote de bronce esculpido con estilo minimalista, y justo detrás, un Sancho Panza de madera, más bien de formas abstractas.

Me llamó la atención que el autor de esas esculturas, en caso de ser el mismo, tuviese destrezas para estilos tan diversos y hasta contrapuestos.

En la esquina contraria se levantaba una columna delgada rematada por una enorme esfera de latón con picos asimétricos. Sentí un escalofrío. Seguro que el escultor quiso representar un sol, pero a mí me recordó un coronavirus. Era trágico que el autor de esas maravillas hubiese esculpido y erigido, frente a su casa, la imagen de algo tan parecido al asesino que acabaría con su vida.

Amaia me advirtió: "Por favor no toques la puerta. Encontrarás la casa cerrada, pero yo saldré a buscarte".

Miré el reloj. ¿Se habría cansado de esperar? ¿Su novio o su padre habrían ejercido presión sobre ella para que, al final, no me recibiera?

Recordé su carta: *Estoy en medio de una tragedia. Mi vida es un desastre (como Mauro dice), tengo mala estrella y me persigue la desgracia (también como él dice).*

PROTEGE TU DÍA DE MANIPULADORES

La gente abusiva quiere restarnos energía. Hay abogados expertos en explicarle a sus clientes todo lo malo que les puede pasar; usan ejemplos de casos trágicos con el único fin de provocarles pensamientos y emociones debilitantes, y que el cliente los contrate. Hay asesores fiscales y otros profesionistas poco éticos, expertos en hacer lo mismo. El juego de infundir temor es común en la sociedad. Es, de hecho, el juego preferido no solo de maltratadores y manipuladores, sino también de extorsionadores, secuestradores y chantajistas.

Hace tiempo fui víctima de un médico carnicero.

Resulta que a mi hijo lo mordió un gato y se le inflamó el brazo. El médico armó toda una estrategia verbal para infundirnos miedo. Dijo mil cosas exageradas de las bacterias de los gatos y cómo producen síndromes compartimentales que pueden ocasionar amputaciones o la muerte de las personas.

Como me veía dudar de la necesidad de la operación, trajo a una infectóloga pagada para decirme que era imperativo meter a mi hijo al quirófano con anestesia general para sacarle una muestra del tejido y saber qué bacteria tenía.

Cuando una autoridad médica te pinta que a tu hijo le van a amputar el brazo o se va a morir si no lo operan, das la autorización, pero luego te enteras de que todo fue mentira y te dijo eso para cobrarte seis mil dólares por una cirugía que tu hijo no necesitaba.

Repasemos: Un manipulador usa palabras amenazantes para abrir tu módulo cerebral que (como la caja de Pandora) guarda todos los males posibles de tu imaginación. Cuando ese módulo se abre, tu cerebro se llena de pensamientos destructivos y emociones paralizantes que te dejan sin energía. Eso les sucede a las personas maltratadas que han perdido su noción de dignidad y, a pesar de vivir con un pie en el cuello, son incapaces de pedir ayuda o luchar contra el maltratador. ¡No tienen energía!

Eran casi las diez y media. Quise enviar un mensaje al celular de Amaia y me di cuenta de que, en efecto, no había señal de internet en el lugar. Marqué el teléfono directo que indicaba una recepción del veinte por ciento. No contestó.

Tomé el pequeño libro que preparé como regalo para Amaia. Bajé del auto y cerré la portezuela de golpe como tratando de anunciarme.

El terreno era tan grande que la casa, aun siendo de proporciones considerables, se veía diminuta, como ocurre con las embarcaciones gigantes que parecen pequeñas en medio del océano. No había rejas ni vallas que delimitaran la hacienda; de manera que era imposible saber dónde comenzaba la del vecino.

A lo lejos ladraron unos perros.

El cielo estaba nublado y apenas unos rayos furtivos de luz se filtraban entre las nubes cayendo en diagonal sobre una bruma que envolvía el ambiente como en un cuento nórdico.

Me aproximé a la casa. El suelo estaba cubierto por una densa capa de hojas secas. Por lo visto, nadie había limpiado el sendero desde el otoño anterior. Tenía indicaciones de no tocar la puerta, así que no lo hice.

Escuché el relinchido de un caballo cercano.

Le di la vuelta a la casa rodeada de esculturas. Descubrí que había un ruedo circular para caballos y un bosque al que podía entrarse por un sendero angosto perfectamente trazado. También vi un pequeño auto rotulado con calcomanías de una empresa veterinaria que se echaba en reversa para enfilarse después a un camino rural detrás de la finca.

Me sentí un intruso al husmear en esa zona. Di media vuelta para regresar al automóvil cuando percibí ruido de pasos y una presencia a mis espaldas. Giré.

Ahí estaba ella. A escasos metros.

Era una joven seria, casi imponente, de mirada penetrante. Traía botas de montar y pantalones de mezclilla.

—¿Amaia?

—Sí.

9

Amaia era esbelta, de pelo lacio rojizo, piel blanca y pecosa como su madre. En la secundaria, a Ariadne le decíamos *la Pecosa*, aunque cuando creció sus pecas se desvanecieron hasta casi desaparecer. En el caso de su hija, habían prevalecido; le daba un toque de dulzura infantil que contrastaba de manera pasmosa con su cuerpo ectomorfo: era bastante más alta y delgada que su madre, y tanto su cuello largo como su postura erguida le daban una apariencia como de bailarina eslava.

—Discúlpame —le dije—. Llegué tarde. Me costó trabajo encontrar la dirección. También te llamé por teléfono, pero no tuve suerte.

—Discúlpame tú a mí, José Carlos. Esta mañana, la yegua de mi abuelo comenzó a dar patadas y a revolcarse. Tuvo un cólico. Ya sabes; es algo tan grave que puede matar a los caballos. El veterinario se acaba de ir.

—Sí. Lo vi.

—Le hizo un lavado intestinal con sonda. Yo le ayudé. Cuando me estabas llamando, no podía contestar.

Amaia no era una chiquilla. Más bien se trataba de una mujer joven madura, segura de sí misma; su voz grave y su dicción cuidadosa la hacían sonar como locutora de radio.

Ninguna crisis es más fuerte que tú

—Me preocupé un poco —comenté—. Sabía que tenía que haber pasado algo fuera de lo normal.

Al costado del ruedo había una pequeña construcción de tres cuartos con media puerta. Eran las caballerizas. El piso frente a ellas estaba mojado y había una serie de bártulos que seguramente el veterinario solicitó para sus faenas: cubetas, mangueras, trapos.

—Ahora debo hacer todo yo —comentó Amaia refiriéndose al aseo de los caballos—; ya no tenemos quien nos ayude.

Era evidente la falta de mantenimiento en la finca, pero había algo menos obvio y más interesante provocado no solo por la bruma y el clima frío, sino por otros factores intangibles. Ella me lo advirtió: el lugar estaba como cubierto por una cúpula invisible de melancolía.

—¿Cuántos caballos tienen? —pregunté.

—Solo dos. El mío y el de mi abuelo. Cuando él vivía solíamos salir a pasear un par de veces a la semana —su voz tuvo un ligero quiebre—. ¡Extraño mucho esas cabalgatas por el bosque! Ahora debo ocuparme en vender los caballos; necesitan alguien que los atienda y los alimente. Yo no puedo sola.

Asentí. Mi propia hija era afecta a esos animales y sabía de la carga que se siente tener mascotas de tal tamaño y fineza a las que no puedes atender.

Un muchacho salió de la construcción jalando a un bello animal.

—¿Quién es? —pregunté.

—Mi hermano menor. Chava.

—Me hablaste de él en tu carta —bajé la voz—. Mencionaste que sufre algún tipo de adicción y que pasó por una adversidad muy fuerte.

—Sí —Amaia echó un vistazo a ambos lados de sus hombros y luego me miró como dudando si debía hablar conmigo de un tema delicado; aunque me había leído y me conocía a la distancia, frente a frente todavía era un extraño para ella; sentí la fuerza de sus ojos, intermediarios de un alma necesitada de ayuda. Se animó—, a mi hermano le pasó algo terrible, lo secuestraron. Estuvo tres meses en manos de unos delincuentes de la peor ralea. Abusaron de él, lo lastimaron al grado de que todavía se despierta gritando por las noches.

Volvió a mirar sobre sus hombros y carraspeó.

—¿Cuándo sucedió eso? —bisbiseé aturdido.

—Poco después de que fallecieron mi madre y Rafael. Todavía no nos habíamos recuperado de la pérdida. Aunque no teníamos dinero, al mudarnos aquí algunos delincuentes pensaron que éramos ricos. Pero ni siquiera mi abuelo lo era, porque invirtió todo el dinero de su vida en la construcción de esta casa. Con mucha dificultad logramos pagar el rescate. Mi hermano no ha logrado reponerse. Hace seis meses dejó la escuela. Dijo que detesta las clases en línea. No me di cuenta de cuándo comenzó a tomar, pero una noche llegó a la casa borracho, y a partir de entonces no paró de consumir alcohol. Se juntó con amigos nuevos. De pronto desapareció de la casa. Me puse a buscarlo como loca varias semanas, y apenas lo encontré; hace tres días. Estaba durmiendo en la calle. Se me partió el alma cuando lo vi y lo reconocí. Lo abracé, lo cargué, lo subí a un Uber y lo traje de vuelta. ¡Él ni siquiera sabía que el abuelo había muerto!

Pregunté con voz baja:

—¿Has pensado internarlo en algún centro de desintoxicación?

—Sí. Claro. Pero él no quiere. Dice que puede desintoxicarse solo. Que únicamente toma alcohol. Yo no le creo; sospecho que también consume alguna droga; no sé cuál, no tiene marcas de piquetes en los brazos; su rostro se ve muy deteriorado, tal vez porque no ha comido bien o porque se la ha pasado haciendo tonterías.

Había neblina en el ambiente, como si la vegetación circundante estuviese haciendo un descarado intercambio térmico con el ecosistema. Aun así, las plantas no emitían el suficiente calor como para entibiar el aire.

—¿Tú lo buscaste sola? ¿No te ayudo tu papá?

—Al principio sí, pero mi abuelo enfermó y tuvo una agonía muy larga. Luego murió, y mi padre cayó en depresión. Se olvidó de todos. De mí, y, por supuesto, de su hijo menor.

El jovencito se acercó a nosotros trayendo consigo a la yegua. Era, en efecto, un chico de fisonomía particular. Delgadez enfermiza, tez pálida, profundas ojeras, cabello ralo y marcadas arrugas. Aunque tenía diecisiete años, si lo veías de lejos, su cuerpo enjuto y demacrado lo hacía parecer un niño de doce, pero, ya de cerca, su rostro deteriorado le daba la apariencia de un hombre avejentado.

—Amaia —inquirió—, ¿qué hago? El veterinario dijo que debíamos caminar a la yegua unos treinta minutos para que su intestino comience a moverse. ¿La llevo al bosque?

—No, Chava. Lo hacemos aquí en el ruedo. Acércate. Te voy a presentar a alguien.

10

DÍAS PLANOS O ESCALABLES

Todos hemos sufrido adversidades, algunos más fuertes que otros; cualquier adversidad es un enemigo sombrío, letal, silencioso, al que podemos enfrentar solo con armas de la mente. La primera facultad mental que debemos usar ante la crisis se llama "decisión-disposición". Proviene de nuestro centro volitivo. *Decidimos* ponernos de pie, y *nos disponemos* a luchar con todo nuestro enfoque. Sin este paso inicial es imposible usar facultades más profundas. Así que, en primer lugar, al inicio de cada día, decide levantarte y disponte a luchar.

Todo *día al inicio* es plano, vacío, desértico, sin vida. El día por la mañana no tiene valor. A veces al despertar recordamos problemas que nos aquejan: dolores físicos, frustraciones, humillaciones, pérdidas. Mientras más fuerte sea nuestra adversidad, más claramente veremos la realidad del "día que comienza". Y la realidad es simple: los días, en la mañana no valen nada, son fútiles, vacíos, insustanciales.

Para darle valor al día hay que convertirlo en escalable. Aunque al levantarnos, lo primero que vemos siempre es una enorme llanura desértica, debemos crear en la imaginación una montaña que escalar, conformada por varios picos que serán los retos del día, las metas puntuales por lograr. Si dibujamos en la mente esa montaña de retos, ya no tendremos frente a nosotros un día plano, aburrido y desértico. Habremos convertido el día plano en escalable.

Haz el ejercicio *antes de iniciar el día*. De entre toda tu lista de pendientes elige un objetivo clave. O varios. ¿No los tienes?, créalos, defínelos, escríbelos. Imagina que ese grupo de objetivos son las cumbres que vas a alcanzar en tu escalada a la cima. Sin esa visión, tu día no tendrá ningún valor.

Siempre empieza planeando el día. Hacer eso implica decisión y disposición. Hazlo, porque tu vida no es más que una colección de días, y un día no planeado de manera correcta se convertirá en simple improvisación. En cuanto tengas el plan, dedícate a ejecutarlo. Ponte guantes y crampones de escalador. Ve hacia arriba sin tregua y sin excusas. Claro, sobre la marcha puedes improvisar, puedes subir nuevos picos que aparezcan, siempre que no dejes de subir hacia la cima del día. Decídete. Disponte. Actúa. Haz que este día sea un gran día.

Amaia me presentó con su hermano diciendo que yo era un escritor experto en conducta humana, pero sin mencionar en lo absoluto que fui amigo entrañable de sus padres. Quizá era un tema vetado en la familia.

Chava me saludó con los nuevos usos y costumbres de la raza humana: doblando el codo y ofreciéndomelo para chocarlo con el mío.

La yegua dio una patada al aire y Amaia la acarició de inmediato.

—Préstamela —le quitó el ronzal a su hermano y jaló al animal del cabestro para meterlo al ruedo. Me quedé solo con Chava.

—Así que eres escritor —murmuró el joven, como tratando de decir cualquier cosa para romper el silencio.

—Sí. Es un oficio muy bello.

—¿Y cómo conoces a Amaia?

—Ella ha leído mis libros; a mis mejores lectores a veces los visito. Hoy vine a traerle estos escritos como obsequio —le mostré las hojas empastadas que preparé la noche anterior.

—¿Es un libro nuevo?

—Más o menos. Son apuntes de un método para aprender a hacer días extraordinarios —Chava arqueó las cejas, interesado. Me gustó y extrañó su gesto. Los jóvenes como él suelen ser más bien esquivos al aprendizaje. O tal vez solo estaba intentando ser cortés. De cualquier manera, aproveché para decirle que en ese método partimos de una base ideológica: *La vida no es más que una colección de días y, dependiendo lo que hagamos con cada día, podemos convertirlo en perla coleccionable o en bola de basura detestable.*

Como él había tomado decisiones equivocadas en las últimas semanas insistí en explicarle que una vida próspera y feliz se logra solo coleccionando *GRANDES DÍAS*, mientras que una vida difícil o dolorosa era producto de muchos *MÍSEROS DÍAS*.

El joven me miraba con hieratismo intencional. Como si tratara de parecer impresionado. No sabía si me estaba siguiendo.

—¿Me entiendes? —pregunté y al hacerlo me arrepentí de inmediato.

—Claro que entiendo. Nuestra vida es una colección de grandes días y de míseros días... ¿Y qué hacemos —cuestionó— si los míseros días del pasado son tan malos que nos echaron a perder para siempre la colección?

Sonreí. Quise darle una palmada en el hombro. Detrás de esos ojos secos, había un alma anhelante cien por ciento rescatable.

—Empezar de nuevo —aseveré—. Tú no tienes control de lo que hiciste ayer... Tampoco de lo que vas a hacer mañana. De lo único que tienes control es del día presente. Nuestro enfoque debe ser convertir el día de hoy en una perla.

—Y no en una mierda —completó mirando al suelo.

Entonces me atreví. Llevé una mano a su brazo y lo palmeé en señal de apoyo.

11

FACTOR "MOSCA EN LA SOPA"

Imagina a un cocinero que prepara una sopa deliciosa; pone su mejor esmero y su mejor sazón, pero al final, deja caer una mosca o una cucaracha en la olla.

Imagina que eres un joyero artesano. Haces un collar de perlas hermoso, pero, entre tanto y tanto, engarzas en el collar algunas bolitas de excremento. Si un cliente te preguntara: "Oiga, maestro, ¿qué son esas piezas cafés que están insertadas entre las perlas del collar?", ¿le dirías que son incrustaciones para darle colorido al trabajo? En cuanto el cliente tome la joya en sus manos olerá la fetidez de los injertos y se embarrará de suciedad.

Jorge es un líder ejemplar, connotado, prudente, carismático, trabajador y honesto. También es buen esposo, padre amoroso y ciudadano ejemplar.

Un día, Jorge comete adulterio. Alguien lo filma y sube el video a internet. El video se hace viral. De pronto, ese hombre que ha creado, con mucho esfuerzo, una colección de días extraordinarios, se da cuenta de que un solo error está ensuciando su reputación.

Carlos Cuauhtémoc Sánchez

Esa noche Jorge llega a casa, pensando cómo borrar el video de las redes sociales. Su esposa lo acaba de ver: está despeinada, con la cara sucia, porque el rímel de los ojos se le ha deslavado por las lágrimas; tiene los ojos hinchados de llorar. Cuando Jorge quiere hablar, su esposa lo interrumpe y rompe en reclamos.

Jorge va al cuarto de sus dos hijas y las ve dormidas. Les acaricia la cabeza entendiendo que está a punto de perderlas.

Al día siguiente llega a trabajar; sus compañeros lo miran con recelo y desconfianza. Ya nadie habla de todas las buenas cosas que ha hecho, sino de la única que hizo mal. Su collar de perlas tiene ahora, insertada, una bola de excremento.

¿Las perlas valen menos porque estén contaminadas? ¿Se puede limpiar un collar de perlas que tiene una (o muchas) bolas de suciedad? ¡Claro que el collar se puede limpiar! ¡Claro que las perlas valen igual! (Quien no haya puesto bolas de porquería en su collar durante la vida, que arroje la primera piedra). Pero la limpieza no es fácil, ni rápida ni barata. Implica un precio alto. Porque a la gente le gusta condenar; porque estamos rodeados de fiscales que se sienten más perfectos cuando señalan imperfecciones en los demás. Por eso, procuremos no insertar en nuestra colección de días buenos, días (tan) malos, que después necesitemos explicarlos en un tribunal.

Ninguna crisis es más fuerte que tú

La vida es un sueño. Y según Calderón de la Barca, "los sueños, sueños son". La palabra *vida* es un concepto abstracto. Ni siquiera existe de forma real. Lo único que existe es el *día actual*. Dejémonos de tonterías creyendo que el futuro que viene será mejor (por sí solo, sin que hagamos nada). El futuro es solo una posibilidad. Pongamos los pies en la tierra y entendamos que nuestro compromiso de honor es enfocarnos en hacer una perla de ESTE DÍA.

—Chava —le dije—, lo que importa es el presente—. Necesitamos estar mentalmente dispuestos a pelear.

Hubo algo en mi tono de voz que lo hizo dar un paso atrás.

—¿Mi hermana te platicó? —preguntó con desconfianza.

Amaia se había parado en medio del círculo en el ruedo y animaba a la yegua a caminar haciéndole sonidos cariñosos con la boca.

—Sí —confesé—, me dijo que habías tenido problemas con el alcohol y que acababas de regresar a casa.

—¿Nada más eso te dijo?

—Y que habías sufrido otros problemas... No me dio detalles.

—¿Eres uno de esos padrinos de alcohólicos anónimos o algo así? ¿Vienes a llevarme a un centro de rehabilitación?

—No. Pero si te interesara mi opinión, te aconsejaría que fueras.

—¡Nunca! —dio otro paso hacia atrás—. En esos lugares te chupan el cerebro.

Quise contestar que la droga y el alcohol lo chupaban de verdad, pero guardé silencio. No quería sonar sermoneador.

—¿A qué viniste realmente? —insistió.

—Vine a traerle este libro de notas a tu hermana, y también vine a ver a tu papá. Él y yo fuimos muy buenos amigos a tu edad.

—Mi papá tiene muchos problemas...

—¿Quién no? Yo también tengo muchos problemas. Tú también. Los problemas son parte de la vida.

Bajó la guardia. Comentó con un tono más amistoso:

—No creo que mi papá quiera recibirte. No recibe visitas porque dice que la gente le estresa. Solo quiere evitar el estrés. Y la verdad yo también.

12

LOS PROBLEMAS DEL DÍA A DÍA

Hablemos de los problemas. Definición: Un problema ocurre cuando la cotidianidad se interrumpe por una situación de pérdida, dolor o riesgo. (Recibimos malas noticias, tenemos un accidente, sufrimos un despido, una demanda, una enfermedad, una traición, una amenaza). Ante los problemas, nos paramos en seco, dejamos de hacer lo que siempre hacíamos, y nos vemos obligados a dar un paso atrás para pensar.

Un problema siempre nos quita tiempo. Por eso, su sinónimo más simple es CONTRATIEMPO. El problema que no se resuelve o se resuelve mal, además de tiempo, nos quita otras cosas (dinero, tranquilidad, prestigio, relaciones). Se llama PROBLEMA DE RETROCESO. El problema que se resuelve bien, al final se traduce en beneficios (crecemos, nos fortalecemos, nos enriquecemos). A eso se le llama PROBLEMA DE PROGRESO.

Hagamos que los problemas sean DE PROGRESO. Para ello, debemos ser valientes y competitivos. No hay manera de ganar una batalla sentados en flor de loto y recitando mantras. No se puede convertir un contratiempo en progreso si tenemos miedo a luchar.

Las preocupaciones son parte del juego de la vida. Porque el estrés nos pone alertas y nos inyecta energía indispensable para hacer lo que nos corresponde.

Alguien nos dijo que *felicidad era igual a pasividad*. Incluso mucha gente sigue esa tendencia aprendida en la pandemia, de guardarse a consumir películas, ver videos y cobijarse. ¡Demasiadas personas se detuvieron por decreto, pero luego se quedaron detenidas por comodidad!

Hay quienes han abrazado las teorías del desapego. Dicen que mientras menos amor le tengamos a las cosas, e incluso a las personas, más fácilmente podremos lograr la paz mental. De esta manera, los místicos de la meditación aseguran que se vive más feliz teniendo menos y que nuestro enemigo principal es y será siempre el estrés.

Si quieres pensar así, haz las cosas de forma completa: regala tus pertenencias, dona tu dinero, divórciate, deshazte de tus hijos, hermanos, padres, familiares, amigos y conocidos. Ponte túnica y sandalias, y retírate a meditar al Himalaya. Si no estás dispuesto a hacer eso, entonces levántate a luchar por tu dinero, tu casa, tu familia y tus amigos, teniendo control de tus pensamientos y emociones, manteniendo altos niveles de energía, pero luchando. Luchando fuerte. Son dos formas distintas de ver la vida.

Todos nos hemos parado en seco por alguna crisis. ¡Pues reiniciemos con nueva mentalidad! Preparémonos para la batalla: aceptemos que vivir es una aventura, y que en toda aventura hay riesgos. Entendamos que el

Ninguna crisis es más fuerte que tú

estrés es bueno y que preocuparse por lo que tenemos y por lo que amamos solo demuestra una cosa: que somos responsables.

Chava se dio la vuelta para alejarse.

—Gusto en conocerte, escritor. Voy a ayudarle a mi hermana.

No supe si estaba huyendo de mí.

Me había propuesto no darle ningún consejo explícito a Chava o a Amaia, pues, aunque tenía mucho que decirles, todas las ideas danzando en mi mente estaban escritas en el cuadernillo impreso de regalo. A pesar de mi discreción en opinar, Chava leyó en mi talante creencias que me apasionaban y que tal vez le incomodaron.

Llegó al ruedo y relevó a su hermana de la tarea de darle cuerda a la yegua.

Amaia, entonces, se dirigió a las caballerizas. Me acerqué a ella. Un enorme tordillo flaco sacó la cabeza por la media puerta y se interpuso en mi camino. Lo acaricié. Me olfateó y volteó a verme como exigiendo una zanahoria. La joven rio. Lo acarició del otro lado.

—Este es mi caballo. Se llama Casper. Es muy empalagoso.

—Ya veo.

—¿Hablaste con mi hermano?

—Un poco. Hay que ayudarlo.

—De acuerdo. ¿Cómo? ¿Qué hacemos?

Me sorprendió el plural de la pregunta. Lo acepté como halago.

—Aunque no quiera, tiene que ir a una clínica de rehabilitación. De otra manera va a volver a caer. Y quizá la próxima vez no lo encuentres en la calle, sino en la morgue.

Me observó con una mezcla de enfado y estupor.

—Eres muy duro.

—Es la verdad, Amaia. Además, tiene que dejar a sus amigos. Las personas intercambiamos energía y no debemos convivir con gente que nos debilite... ¿Por qué crees que cayó en alcoholismo y tal vez en drogadicción?, porque hubo alguien que le enseñó y lo empujó a ese camino. Siempre es así. A veces no nos damos cuenta de lo importante que es saber elegir a las personas que forman parte de nuestros días. Hay gente tóxica que nos roba energía y autoestima.

Sus labios se levantaron en una sonrisa apenas perceptible mientras me analizaba con sus enormes ojos indagadores.

—Ya sé a qué te refieres.

Parafraseé uno de los fragmentos de su carta:

—*Estoy cansada de vivir acongojada; me desgasta tener que cuidar tanto lo que digo y lo que hago. Me paralizan las críticas de mi padre y de Mauro.*

—Vaya —dejó de acariciar al caballo y lo empujó con suavidad para que metiera la cabeza a su cuarto—. ¿Tratas de decirme que debo dejar a mi novio?

—Trato de que pienses cuáles son las razones por las que estás con él.

—Es el director operativo de mi empresa.

—¿Y lo amas?

—Sss —alargó la sílaba dudando—... sí. Claro que sí.

—Sé sincera. ¿Es el hombre que quieres para ti?

—Bueno. No estoy segura, pero tampoco puedo terminar con él.

—Por cuestiones laborales.

Se encogió de hombros.

Era la primera regla del empresario: Nunca pongas en un puesto importante a alguien a quien no puedas despedir.

—¡Cómo extraño a mi abuelo!

—¿Confiabas en él?

—Totalmente.

—¿Y qué consejo te dio cuando le platicaste de la forma en que tu padre y tu novio te maltrataban emocionalmente?

Aguzó la vista entrecerrando los párpados.

—Nunca le dije a mi abuelo que mi padre o mi novio me maltrataban. Tampoco a ti. ¿De dónde sacaste eso?

—Sé leer entre líneas.

—Pues leíste mal.

—¿Cómo le dices al hecho de que alguien "dulce y amoroso" te haga sentir una basura?

Se aclaró la garganta.

—Te gusta ir al grano, ¿verdad?

13

COLAPSO DE CRISIS

Durante la pandemia de 2020 aumentó el maltrato. Se incrementaron los abusos sexuales, la violencia física y emocional, las infidelidades y los agravios por uso de alcohol o drogas. Muchas familias se fracturaron. ¿Por qué? Porque en los momentos más críticos la gente que no sabe manejar los problemas adquiere dos conductas destructivas: o se vuelve violenta, o se paraliza de temor. Eso se llama *colapsos de crisis*.

El *colapso de crisis* le ocurre a quien se bloquea y no sabe manejar problemas. Consiste en dos reacciones posibles.

La persona:

1. Enloquece de rabia (ofensiva agresiva).
2. Se paraliza y deprime (debilidad crónica).

Ambas conductas se complementan. Paradójicamente los individuos con l*ocura de agresividad* se desquitan y desahogan maravillosamente con los que han caído en *parálisis y depresión*.

No te paralices y defiéndete de los que enloquecen; frente a ellos pon barreras, haz un escándalo si se atreven a tocarte o a molestarte; no temas gritar, no temas enojarte. Recuerda que ante un maltratador *el que se enoja, gana*.

Amaia lavó sus manos en la llave de agua junto a las caballerizas. Yo hice lo mismo. Antes, dejé sobre una banca el libro de apuntes que había estado cargando.

—¿Qué es eso? —preguntó.

—Un regalo. El resumen de todos los mensajes respecto a cómo crear grandes días. Nadie lo tiene. Lo organicé anoche para ti. Aquí vas a encontrar cosas que te pueden ser útiles.

Sonrió con tal amplitud que las copiosas pecas de su rostro se fusionaron en las comisuras de sus labios.

—¿Como qué?

—Por ejemplo, las características de las personas "maltratables" —su sonrisa se esfumó—, y la forma en que podemos impedir que alguien más nos eche a perder nuestros días.

—Entiendo —bajó la vista y confesó—: Yo siempre he sido una persona dispuesta a ayudar, y a veces la gente abusa de eso. Me cuesta trabajo poner límites.

Habló con un tono amalgamado de pudor e ingenuidad que me recordó a su madre. Cuando éramos jóvenes Ariadne y yo platicábamos por horas disfrutando de una compatibilidad infrecuente. Siempre acabábamos envueltos en un hálito de intimidad que nos asombraba.

Observé sin hablar a la hija de mi amiga. Y mi silencio dijo más de lo que yo podía haber dicho con palabras.

Ella me sostuvo la mirada como si, a su vez, quisiera expresarme muchas cosas que no se atrevía.

Al fin susurró:

—¿Cuáles son las características de una persona "maltratable"?

Aunque me había propuesto no hablar de conceptos que pudieran parecer consejos, en ese momento lo hice.

NUEVO CÓDIGO DE DEFENSA

Una persona "maltratable" posee estas señales (una o más de ellas):

1. Tiene mentalidad pacifista; rechaza los problemas. Prefiere llevarse bien con todos y no reclamar; no se siente cómoda protestando, enojándose o declarando la guerra. No le gusta llevar la contraria.
2. Dice que sí a todo lo que le piden y a veces pide perdón por cosas de las que no tiene la culpa.
3. Se avergüenza de algo que hay en su físico, en su familia o en su pasado (al abusador le encanta recordárselo).
4. Se siente responsable por el bienestar de otros y está dispuesta a sacrificarse por ayudar al maltratador.

Imagina que hay un concurso de cacería y algunos venados débiles salen a pastar al descampado en la zona de tiro.

Ninguna crisis es más fuerte que tú

Una persona propensa a ser maltratada es como ese venado con "debilidad crónica" que, sin saberlo, se pone en la mira de cazadores "con locura de agresividad".

No es que alguien tenga la culpa de sufrir maltrato. Es que a unos les gusta disparar y a otros les gusta ponerse de objetivo.

ESTE SERÁ MI NUEVO CÓDIGO DE DEFENSA:

- Nada justifica que alguien me maltrate.

- Si quiero estar fuerte, manteniendo mi energía vital, aprenderé a poner un escudo a las palabras manipuladoras y no tendré pensamientos debilitantes.

- A partir de hoy, aceptaré los problemas como parte de mi crecimiento. No me voy a enfurecer ni a entristecer ante un camino cerrado. Por el contrario. voy a usar toda mi energía y creatividad para encontrar otra ruta, otra salida, otra forma de franquear el obstáculo que obstruye el paso. Me enfocaré en que los problemas siempre me reten a crecer y a ser mejor. Aceptaré los retos y los encararé con gusto, entendiendo que no hay mal que dure cien años y que todo problema al que le dedique atención y esfuerzo tarde o temprano lo resolveré y lo convertiré en progreso.

- No me avergonzaré de mi pasado, ni de mi familia, ni de mi físico.

- Si cometí un error, dejaré de sentirme culpable.

- Haré que ningún manipulador pueda usar mi vergüenza para aplastarme, porque me acepto como
soy, acepto de dónde vengo y me siento bien conmigo.

- Voy a dejar de tratar de arreglarle la vida a los demás y pensaré más en mí.

- Me ocuparé más de mí. Porque solo si yo estoy
bien podré ayudar legítimamente a otros.

- Entiendo que soy la persona más importante de
mi vida (no mis hijos, no mis papás, no mi cón-
yuge, no mi jefe), y entiendo que, si alguien me
rechaza, es porque no me conoce o no me valora.

- Frente a un maltratador aprenderé a decir no:
Diré: "No señor, a mí no me vas a tratar de esa forma", "yo no quiero eso", "yo no acepto eso". Voy a
dejar atrás la mentalidad pacifista. Recordaré que
tengo derecho a gritar, a pedir ayuda o a hacer un
escándalo. Porque frente a una persona maltrata-
dora, el que se enoja, gana.

Le expliqué a Amaia los puntos. Me escuchó con atención; aunque en algunos instantes percibí que su mirada me traspasaba. Respiró hondo y preguntó:

—¿Te conté que tengo una empresa que se llama
Mentalidad Fénix?

—Sí. Lo dices en tu carta. Haces campamentos estu-
diantiles y para empresas.

—Exacto. También hacemos intercambios escolares con otros países. Yo invertí todos mis ahorros en esa empresa; aun así, no me alcanzó el dinero y mi abuelo me ayudó. Diseñé el concepto. Mi novio, el logotipo. Él y yo sabemos dirigir dinámicas de integración y liderazgo. Le enseñamos a la gente a ser creativa para resolver problemas. Sin embargo, nadie sabe que, ahora, nosotros no resolvemos los nuestros. Con la pandemia, él se volvió un cazador enloquecido de rabia y yo me volví un venado paralizado de miedo —sonrió—, una pareja complementaria —parecía incrédula de haberse permitido llegar a esa situación—. ¿Sabes qué me molesta de Mauro, ahora? —agregó—. Que se está anunciando en las redes sociales como asesor de vida, amparándose en mi marca. Se promociona como *coaching* ontológico, y está teniendo clientes particulares a los que les cobra. Claro, él tiene derecho a hacer lo que quiera, pero ¿cómo puede asesorar a otras personas siendo él, en su vida privada, tan negativo? ¿Y cómo puede usar mi marca sin pedirme permiso? Claro —recula como discutiendo consigo misma—, él cree que la marca es suya.

—Tienes que hablar, Amaia. Dejar las cosas en claro.

—¿Te conté que anoche discutimos porque te invité a mi casa? Pues me llamó en la mañana y me preguntó si ya estaba más tranquila. No lo podía creer, me hablaba como si yo hubiese sido la que perdió el control anoche. Le dije que sí, ya estaba más tranquila. Me preguntó si tú ibas a venir. Le respondí: "¡Por supuesto!". Entonces contestó que quería conocerte, e iba a venir también. Le dije: "Como quieras". Así que tal vez no tarde en aparecerse.

Inhalé y exhalé.

—Será un placer.

Ninguna crisis es más fuerte que tú

14

Chava nos llamó, levantando la mano, para indicarnos que la yegua ya parecía estar bien. Nos acercamos al ruedo.

—Perfecto, Chava —le dijo su hermana—. ¿Podrías guardarla en la caballeriza y recoger las cosas que siguen tiradas? Vamos a entrar a la casa. Ahí te esperamos. Me gustaría que estuvieras con nosotros para subir con papá. Si entramos a verlo los tres juntos, tal vez se sienta más comprometido a hacernos caso.

Chava dijo que sí con la cabeza y sacó a la yegua del ruedo siguiendo las instrucciones calladamente.

—Es curioso —le dije a la joven—. No parece tan rebelde como pensé que sería. Te obedece sin protestar.

—Uy, no lo conoces. Es rebelde, y lo que le sigue. También a mí me extraña que se porte así ahorita. Tal vez le das miedo.

—No me hagas reír.

Se frotó los brazos desnudos para calentarlos.

—Qué frío hace. Te invito a la sala de la casa. Hay una chimenea.

—Claro. Por lo pronto toma esto. —Me quité el saco y se lo puse encima; lo rechazó—. Por favor, acéptalo.

Cúbrete la espalda, aunque sea. Hace viento. Yo traigo un suéter abajo. Vine bien prevenido.

Ella me dirigió una mirada inteligente. En realidad, le incomodaba ponerse mi saco, pero actuó como alguien que conoce la ley de cortesía para engrandecer las relaciones humanas: *Cuando una persona pide perdón de corazón, la otra perdona. Cuando una pide permiso con humildad, la otra accede. Si una da las gracias honestamente, la otra también agradece. Si una ofrece un regalo de buena fe, la otra acepta el regalo.*

Caminó despacio acurrucándose dentro de mi saco y agregó:

—Gracias por venir, José Carlos.

—Gracias a ti por invitarme, Amaia. Y gracias por tenerme tanta confianza para compartirme tus problemas.

—Mi mamá te quería mucho.

—Y yo a ella.

—Quiero que seas mi asesor.

Moví la cabeza.

—Ten cuidado con los asesores. Te pueden decepcionar. Y hacer que te estrelles.

Se quedó pensativa y asintió.

—Sobre todo si son de paracaidismo.

Era interesante su forma de conversar. Siempre receptiva y ávida de aprender, pero al mismo tiempo sagaz e intuitiva para opinar con ingenio. Se parecía mucho a su mamá.

—¿Qué edad tienes, Amaia?

—Treinta años.

—Mi hija mayor tiene tu misma edad. Serían buenas amigas. A ella también le gustan los caballos. Ojalá algún día se conozcan.

—Ojalá.

ASESÓRATE CON CUIDADO

Los asesores son importantes. Elígelos bien. Pruébalos. Averigua si realmente están interesados en tu bienestar o solo quieren dirigir tu conducta para obtener algún provecho.

Es bueno tener asesores, pero es mejor tener criterio. A veces los mejores asesores se equivocan. A alguien a quien le brindas la autoridad de asesorarte no le cuestionarás sus recomendaciones y, cuando falle, el único perjudicado serás tú. Tal vez muchos problemas en los que te has metido (familiares, sociales, legales, fiscales o financieros) han sido por seguir malos consejos o recomendaciones de personas bien (o mal) intencionadas a las que les diste el poder de aconsejarte.

Una de mis más grandes frustraciones financieras proviene de haber confiado mi patrimonio a un asesor de la Bolsa de valores que era muy connotado y que, además, se decía mi amigo. Aunque durante un tiempo logró excelentes rendimientos, nunca me permitió retirar las ganancias para invertirlas en otros negocios; decía que lo mejor estaba por venir. Y siguió recomendándome más productos bursátiles. Cuando la bolsa cayó, me pidió una autorización discrecional para estar atento "a cada minuto" de las fluctuaciones del mercado y hacer movimientos rápidos que me ayudaran a recuperar lo perdido. Vendió cuando las acciones estaban a la baja y se le olvidó comprar cuando empezaron a subir. Así perdí más de la mitad de mi patrimonio. Lo peor fue, después, al darme cuenta de que ese asesor amigo, connotado y experimentado, en realidad era solo un vendedor de productos bursátiles que tenía comisiones cada vez que compraba y vendía. Hizo un excelente trabajo cuidando sus intereses. Jamás estuvo realmente dedicado a cuidar los míos. En el balance final, él ganó todo lo que planeó y yo perdí todo lo que le confié.

Si te metes en problemas por culpa de otros, la culpa es tuya. En esta nueva etapa en la que crearás grandes días cada día, observa bien a quién escuchas y no te dejes influir si recibes consejos que no entiendes del todo o que no juzgas correctos.

Las opiniones que oímos afectan nuestras decisiones. Por eso, es común ver grupos de amigos o familias enteras que progresan o no progresan en los negocios. ¡Porque todos piensan igual y toman decisiones parecidas!

Cuídate de los amigos que eliges. Observa bien de quién te rodeas, porque si te equivocas en tu grupo de amistades, te equivocarás también en tu forma de pensar sobre muchas cosas. Los amigos, socios y familiares acaban pareciéndose y actuando de manera similar.

Ninguna crisis es más fuerte que tú

Un hombre y su esposa terminaron en el hospital porque un tráiler los arroyó.

Resulta que el tráiler primero les rozó el auto ocasionándole un rayón a la pintura. Se hicieron a un lado de la carretera para revisar los daños. Como el camión siguió su marcha sin detenerse, la esposa se puso histérica. Le dijo a su marido:

—¡Ese camionero nos tiene que pagar los daños! ¡No dejes que se vaya!

El hombre veía difícil la posibilidad de hacer que el tráiler se detuviera. Subieron al auto y la mujer insistió:

—Vamos tras él, alcánzalo, impídele el paso, no te dejes, ¡no seas cobarde!

Ante tales imprecaciones, el hombre persiguió al tráiler en la carretera y se le cerró. El camionero los envistió y acabaron perdiendo el auto y con heridas que los mandaron al hospital.

La gente habla, opina, sugiere. Siempre es bueno saber oír a los demás, pero es mejor saber discernir. Un gran día se caracteriza porque tomaste buenas acciones y decisiones. No te dejes influir para que sean malas.

15

Amaia y yo bordeamos la casa llegando al jardín de enfrente. Pasamos junto a algunas esculturas. Le pregunté:

—¿Tu abuelo las hizo todas?

—No, solo el caballo de mármol rosa. Es su obra maestra. Nunca quiso venderla. Le dedicó años. Él esculpía en piedra. El resto de las esculturas son intercambios de amigos.

—¿También el coronavirus?

Movió la cabeza con rapidez para mirarme en una mueca de sorpresa divertida.

—Sí —sonrió—. También el coronavirus; aunque en realidad es un sol.

—Lo supuse. Ya se me hacía extraño que el mismo autor pudiese ser tan versátil con estilos distintos —nos detuvimos a contemplar el caballo—. ¿Tú viste cuando hizo esta maravilla? La piedra original debió ser majestuosa.

—Sí, la importó de Italia. Y tuvo infinidad de contratiempos para que llegara. Entre otros el costo. Una fortuna. Empeñó su vida para conseguir ese bloque de mármol. Mi abuelo siempre platicaba que cuando le preguntaron a Miguel Ángel Buonarroti cómo fue que logró crear una obra tan maravillosa como el *David*, él contestó: "El *David* siempre estuvo ahí, dentro de la roca, lo único que yo hice fue quitar lo que le sobraba".

Me encantaba esa historia. Pensé incluirla en el instructivo para crear grandes días. Era una perfecta analogía: Cada día en la mañana se nos da un bloque de piedra burdo, y debemos trabajar quitándole todo lo que le sobra para que, poco a poco, vayamos realizando nuestra obra de arte ese día.

Lo interesante de la ilustración era que se basaba, primero, en planear, dibujar, visualizar la obra, como seguramente hizo Miguel Ángel, el abuelo de Amaia y todos los escultores antes de dar el primer golpe con el cincel. Y, segundo, en descartar lo que sobra, más que en crear.

Nuestros días están llenos de distractores: llamadas, mensajes, interrupciones, actividades superfluas, sin importancia, que nos atascan. Así que, al levantarnos, después de visualizar el día y convertirlo mentalmente en escalable, lo que sigue es descartar todo lo que nos estorba y desenfoca.

—¿En qué piensas? —me preguntó Amaia al verme ensimismado.

—En cómo podemos hacer esculturas extraordinarias cada día.

—¿Sabes que a mi abuelo lo atacaron mucho? Él tuvo un gran éxito como artista plástico en el extranjero, pero en su país no recibió más que agresiones. Incluso, después de morir, la gente del medio se ensaña en criticarlo.

—¿Y a él eso le afectaba?

—¡Para nada! Tenía un carácter fuerte, curtido en los fracasos. Cuando Rafael y mi madre fallecieron, papá, Chava y yo nos encerramos a llorar. Mi abuelo nos dio un par de semanas y después llegó a la casa aporreando nuestra puerta. Nos asustamos. El ruido de los golpes con la mano abierta como bofetadas a la madera, fue horrísono. Eran las tres de la tarde. Teníamos las cortinas cerradas y las luces apagadas. Yo abrí la puerta y mi abuelo irrumpió para abrir todo y ventilar la casa. Entró al cuarto de mi papá aplaudiendo y dijo: "¡Arriba, Salvador!, ¡arriba! Perdiste a tu esposa y a tu hijo mayor, pero la vida sigue y no puedes perder tus sueños. Los sueños se construyen mirando al futuro. No al pasado". Mi papá seguía tirado, como ahora. Y, mi abuelo lo levantó en vilo (no pensé que tuviera tanta fuerza) y lo arrastró hasta el auto diciendo: "Van a venir conmigo a mi casa, y van a empezar una nueva vida mirando hacia adelante". Nos sacó a todos a gritos y empujones, y nos trajo aquí. Durante varios días estuvo hablándonos de la adversidad, de cómo todos los grandes hombres de la historia y del mundo se identifican por su capacidad de soñar y levantarse. Y aquí nos quedamos. Conformamos una nueva familia nuclear. Juntos celebramos cada vez que el abuelo lograba vender una de sus obras. Juntos sufrimos y lloramos cuando secuestraron a mi hermano. Juntos nos hicimos fuertes. Hasta que llegó el maldito virus que se llevó a nuestro líder...

Amaia agachó la cara. Sus pecas de muñeca se desvanecieron en unos rasgos afilados con facciones de amargura; era como si a una niña hermosa la hubiesen lastimado hasta que su entrecejo se marcara en un rictus permanente de dolor. Levantó el rostro sin hablar. Entendí el mensaje y me sentí abrumado. Ella esperaba que yo irrumpiera en la habitación de su padre aplaudiendo, abriendo las cortinas y obligándolo a levantarse.

—No creo que pueda —susurré adivinándole el pensamiento.

Ella se encogió de hombros con una sonrisa triste y me abrazó.

EL PODER DE LOS SUEÑOS

Todo líder hacedor será atacado. Quien irradie energía positiva, esté dispuesto a luchar, y sepa lo que quiere, se topará con un mundo de gente negativa dispuesta a agredir y a crear confusión. Es natural, es previsible e inevitable. A pesar de los ataques, no renuncies a ser tú. Sigue el ejemplo de los grandes.

Cuentan que Julio Verne soñaba con viajar; como su padre no lo dejaba salir de casa, el muchacho escapó y se subió a un barco consiguiendo ser contratado como marino eventual. Cuando el viaje de varias semanas terminó, el joven regresó. Su padre le dio una tremenda paliza, lo encerró y lo hizo jurar que nunca más viajaría. Julio Verne dijo para sí mismo: "No hay problema; viajaré con la imaginación". Y se convirtió en el escritor de libros de aventuras y viajes más prolífico e importante de la historia.

No te limites. No hay límites para un soñador que sabe quién es y en qué cree.

Carlos Cuauhtémoc Sánchez

Victor Frankl, en los campos de concentración nazis, observó a las personas sobrevivientes de los peores maltratos y humillaciones. Tenían algo en común: se aferraban a sus sueños.

En su libro "El hombre en busca de sentido", Frankl explica que el recurso más poderoso del ser humano es la imaginación. Los prisioneros capaces de imaginar con detalle partidos de ajedrez, al salir libres se convertían en campeones. Los que ponían negocios en su mente, al quedar libres seguían los pasos de emprendimiento y lograban hacer realidad sus sueños.

Sueña en grande. No te rindas. Lucha todos los días por convertirte en la persona que deseas llegar a ser. Declara que ya eres esa persona y actúa hoy con la fuerza del visionario.

El padre de Henry Ford odiaba ver a su hijo armando artefactos con piezas de hierro y tornillos. Lo regañaba continuamente porque decía que debía dedicarse a la granja. Pero Henry Ford soñaba con fabricar locomotoras de vapor. Cuando decidió estudiar mecánica, en vez de trabajar en la granja, su padre lo corrió de la casa. A los veintinueve años, Henry Ford construyó el primer automóvil movido por combustible de vapor de gasolina. Cuentan que era un cacharro apestoso y ruidoso con el que recorrió más de ciento sesenta kilómetros. Con ese primer modelo artesanal, logró convencer a importantes inversionistas para que lo apoyaran. A los treinta y siete años era millonario, dueño del primer complejo industrial para la fabricación de automóviles en masa. Tenía cuatro mil empleados y había logrado sus sueños.

¿Cuál es el secreto de los hombres y mujeres más grandes? ¿Por qué otras personas logran cambiar la historia, mientras tú y yo no logramos ni que nuestro perro nos obedezca? Simple. La clave se llama determinación. Las personas grandes saben quiénes son y qué quieren. No permiten que nadie las detenga porque se mueven siempre siguiendo una visión.

16

El abrazo de Amaia fue como el de una niña que busca protección.

La enlacé paternalmente sin hablar. Dejé que se tranquilizara.

Se separó y buscó en sus bolsas un pañuelo desechable para limpiarse la nariz.

Había comenzado a soplar un ligero viento ondulante que hizo volar las hojas secas del piso. Ella dejó que las hojas le cubrieran los zapatos.

—Discúlpame, José Carlos —dijo—, la esencia de mi abuelo está impregnada en este lugar. Era un buen hombre, el único con el que he podido sentirme segura desde que murió mi hermano mayor. El abuelo y yo andábamos a caballo por el bosque; hablábamos poco, pero la compañía tranquila y silenciosa nos hacía bien a los dos. Tenía visión. Siempre supo lo que quiso —se dio cuenta de que quizá estaba hablando demasiado y trató de ser cortés girando los reflectores—. Como tú. Mi mamá me platicó que desde niño querías ser escritor y persististe en tu visión.

—Tu madre me ayudó a convertirme en la mejor versión de mí.

—¿Por qué?

No sé si fue su poderosa y evidente energía melancólica. No sé si fue su belleza oculta detrás de ese manto de resignada tristeza. No sé si fue el ambiente nublado y la leve neblina que salía de la vegetación como una exhalación de calor, pero cuando ella me preguntó, le abrí mi corazón.

—Tú conoces gran parte de la historia. La has leído en mis libros. Teníamos quince años, y me enamoré de una chica que era amiga de tu mamá. Cada vez que la veía, temblaba. Ni siquiera la conocía bien. Le puse un nombre imaginario. Sheccid. Yo era un joven tímido, me costaba mucho hablar con la gente; lo único que podía hacer para comunicarme era escribir. Un día me acerqué a tu mamá, y le pregunté si podía ayudarme a conquistar a su amiga, Sheccid —hice una pausa dejando que mi mente viajara en el tiempo—; Ariadne me rechazó al principio, porque pensaba que yo era un pervertido. Pero fui tan insistente que una tarde se sentó a escucharme. Si algo sabía hacer Ariadne, era escuchar. Y ese joven tímido, retraído, que no podía hablar con ninguna mujer, de pronto descubrió una mejor versión de sí mismo platicando con su nueva amiga. Ella solía ladear la cabeza y detenerse la barbilla con una mano para oírme; y cuando opinaba, lo hacía con una voz suave, que me daba confianza. Así pasaron los años. Nos hicimos íntimos compañeros de vida. Con Ariadne podía ser yo mismo. Porque cuando me acercaba a su amiga, con la que tenía un enamoramiento obsesivo compulsivo, me descomponía, tartamudeaba, perdía la voz. Ariadne se divertía y me decía: "Escríbele a Sheccid. A ella le gusta leerte. Escríbele todos los días. Yo le paso tus escritos". Así lo hice. Escribí tanto que convertí la historia de aquella chica en una novela. Pero cuando quería charlar de forma profunda y real, lo hacía con Ariadne. Creo que la mejor visión de todos la tuvo tu madre. Ella me empujó a ser escritor para que, de esa forma, escribiendo, desfogara mi amor hacia Sheccid y, al mismo tiempo, pudiéramos conservar para nosotros la exclusividad de una comunicación verbal tan entrañable.

—Yo no sabía eso —dijo Amaia—. Ahora entiendo por qué mi padre siempre te ha tenido recelo. Mamá y él llevaron un buen matrimonio, pero la verdad, nunca lograron comunicarse.

Sonreí. Las piezas encajaban.

La joven y yo conversábamos en circunstancias poco usuales. No estábamos sentados en una sala acogedora. No estábamos, tampoco, en un café tomando chocolate. Estábamos de pie, al aire libre en un clima frío, ella cobijada por mi saco y yo por el calor de su mirada. Como en menos de una hora yo había conectado con su nostalgia y ella había identificado mi interés genuino, las formas carecían de importancia.

—José Carlos, ¿tú y mi mamá tuvieron un romance?

—Solo en la mente. Nunca en la realidad. Nos conocimos de adolescentes. Cuando ella se convirtió en mujer y yo en hombre, nuestro cariño se hizo más fuerte y confuso a la vez; nos atraíamos y nos repelíamos. Tanto que preferimos separarnos para siempre.

El ruido de un motor que se acercaba contaminó nuestra apacible conversación. Era Chava. Iba montado en una cuatrimoto.

—Ahora vuelvo —gritó pasando a nuestro lado como una ráfaga—. Voy a la tienda por unas botanas.

—Maldición —dijo Amaia—. Seguro va por alcohol.

EL PODER DE UNA VISIÓN

¿Cuáles son tus sueños? Detente a pensar unos segundos. Los emprendedores le ponen a su máximo sueño el nombre de visión. La visión es el resumen de lo que anhelamos, redactado en blanco y negro (por escrito) como el norte de una brújula que nos guiará el camino.

El latido de tu corazón te recuerda cuál es tu visión. Desde años atrás has anhelado logros específicos. Te has imaginado creando, actuando y recibiendo premios por aquello que amas hacer.

Define tu visión. La visión es tu anhelo más grande. Si eres emprendedor visualiza qué quieres que le suceda a tu organización. ¿A dónde vas como persona y a dónde llevas a tu equipo? Viaja al futuro, observa qué conseguirás y en quién te convertirás.

No te limites ni seas frugal al soñar. Sueña en grande. A nivel mundial, global, universal. Define una visión extraordinaria; después, escríbela en una frase contundente y comprométete al grado de estar dispuesto a dar la vida por ella.

Algunas visiones de empresas conocidas:

JP MORGAN. "Somos la empresa de servicios más respetada del mundo sirviendo en más de diez países". (La más respetada del mundo).

Microsoft: "Creamos tecnología innovadora accesible para todo el mundo. (Para todo el mundo).

Juan Valdez: "Somos la marca de café premium colombiano preferida globalmente por su calidad". (Preferida globalmente).

LATAM: "Somos la aerolínea preferida y una de las tres más grandes del mundo". (Otra vez; de las más grandes del mundo).

Apple: "Somos la mayor empresa de innovación, tecnología avanzada, servicio y calidad que supera todas las expectativas". (La mayor empresa de innovación del planeta).

EMLIDER: "Somos la organización líder en la formación de líderes; mundialmente reconocida por sus cursos y conferencias sobre pensamientos de poder, productividad y principios".

Tu visión debe ser ambiciosa. Porque estás hablando de lo mejor que te puede suceder a largo plazo, si haces bien las cosas.

Jesús dijo: "Deja todo: tu casa, tu trabajo, tu familia, tus pertenencias, y sígueme; así tendrás tesoros en el cielo. Si pierdes tu vida por mí, te salvarás. Haz discípulos en todas las naciones, y bautízalos, y enséñales lo que te enseñé, y yo estaré contigo todos los días hasta el fin del mundo".

¿Observas el TAMAÑO de esa visión? Es impresionante y retadora. Por eso las personas que la entienden se sienten honradas de investirla, y dan la vida por ella.

La gran visión la define el líder. Y la defiende con su vida. Tu equipo debe creerla, apuntar a ella y actuar todos los días conforme a ella.

Cuando redactes tu visión hazlo en presente; como si tu anhelo ya fuera una realidad hoy. El sueño escrito así te ayudará a "comportarte como si ya fueras", a "fingir hasta conseguir", a "disfrazarte, actuar y pensar como la persona que te gustaría llegar a ser, aunque todavía no lo seas".

Cada día importa. Solo podemos hacer grandes y extraordinarios días, si desde el amanecer hasta el anochecer, todo lo que hacemos, lo hacemos alineados a una visión.

17

Amaia caminó por delante hacia la casa. Llegamos a la entrada principal. Le pregunté con volumen bajo:

—¿Por qué en tu carta me advertiste que no debía tocar la puerta, y tú saldrías a buscarme?

—Papá quedó como traumado cuando mi abuelo llegó haciendo un gran escándalo y casi derriba nuestra puerta. Desde entonces se enoja si alguien toca y no abrimos. Es una de sus locuras.

Abrió la chapa rústica con una llave antigua y me cedió el paso.

Entré cauteloso, aguzando los sentidos como quien invade el espacio de un dragón dormido.

Me asombró la acogedora belleza de la sala. En el pasillo central había una lámpara enorme de cristal soplado con forma de mujer. Las paredes estaban llenas de pinturas al óleo. Al centro de la sala había tres sillones mullidos de tela suave colocados frente a un enorme ventanal. En la pared perpendicular de ladrillo rojo se erguía una chimenea de tiro saliente con un depósito lateral relleno con leña de ocote. El techo era de doble altura y estaba soportado por vigas reales de madera. Aunque el lugar era amplio, se percibía acogedor y tibio.

La joven se adelantó.

—Toma asiento, por favor. Dame unos minutos. Voy a quitarme las botas de montar.

Me devolvió el saco. Subió las escaleras de madera y desapareció en el pasillo superior.

Me senté frente al ventanal que daba al bosque y hacía las veces de una enorme lupa; a pesar de que esa mañana el sol parecía timorato y evasivo, desde adentro sus escasos rayos entraban francos por los cristales provocando un resplandor rectangular en el suelo.

Imaginé que el efecto invernadero del ventanal aumentaría o disminuiría extremosamente la temperatura de esa sala en las diferentes épocas del año.

Era un lugar bello para contemplar la naturaleza, cobijarse, acomodarse y esperar a que el mundo se arreglara por sí solo. Me pregunté si tanta comodidad no sería desventajosa para alguien que necesita reiniciar con nueva mentalidad.

Amaia apareció después de un rato. Se había puesto una blusa de color amarillo con pantalones deportivos y calzado bajo; también se había levantado el cabello.

Llegó hasta la sala con pasos ligeros, como si flotara; pero en su rostro se habían acentuado los rasgos inherentes de tristeza. Recordé la imagen mitológica de las diosas griegas mitad humanas, mitad divinas que tratan de ser alegres y convivir con las personas, pero siguen esclavizadas al Olimpo.

—¿Estás bien, Amaia?

—No.

—¿Qué pasó?

—Entré a ver a mi papá para avisarle que tú estabas aquí. Se hizo el dormido. Le toqué el brazo y me dijo "lárgate", sin abrir los ojos.

—Qué pena.

La chica se sentó frente a mí con el rostro consternado, necesitada de respuestas y sin ánimo de formular preguntas.

¿Por qué mi compañero Salvador pudo recuperarse cuando murió su esposa Ariadne y su hijo mayor, pero ahora, que murió su padre, no podía procesarlo?

Esa familia sabía de tragedias. Solo que cada integrante estaba viviendo su duelo en forma solitaria, como en una pesadilla de la que no lograban salir.

VIVE EL DUELO

Los recuerdos son estampas de una historia extinta. No podemos regresar al pasado, porque el pasado no existe. Mientras más rápido olvidemos el ayer, mejor podremos recuperar el poder de vivir en el hoy.

Un grupo de misioneros que habían trabajado arduamente se reunieron en la noche para relajarse y jugar cartas. El grupo estaba dirigido por un maestro muy sabio. Aquella noche el juego se volvió emocionante.

El país estaba en guerra, y mientras ellos jugaban, se escuchaba el ruido de aviones y la explosión de algunas bombas lejanas. Entonces el maestro, en medio de la partida de cartas, les preguntó a sus discípulos:

Ninguna crisis es más fuerte que tú

—Si en este momento cayese una bomba aquí mismo y yo muriera, ¿ustedes qué harían?

Los discípulos, que admiraban a su líder, se quedaron mudos.

Uno de ellos dijo al fin:

—No sabemos, maestro; si cayese una bomba aquí, en este momento y tú murieras, ¿qué te gustaría que hiciéramos?

El maestro les contestó:

—Si eso sucediera, por favor, quiten mi cadáver de en medio, repartan las cartas y sigan jugando.

¿Duele que se muera tu maestro? ¿Duele que se muera tu abuelo? ¿Tu padre? ¿Tu hermano? ¡Claro! Dicen los expertos en tanatología que el dolor humano más grande es la muerte de un hijo. ¿Entonces, cómo podemos repartir las cartas y seguir jugando si tenemos roto el corazón? Viviendo con la mayor intensidad y rapidez posible las cinco etapas del duelo.

El duelo es un proceso natural. Comienza siempre con **LA NEGACIÓN** (el asombro, el no creer que sea posible lo que sucedió). Después, sobreviene **LA TRISTEZA** (el llanto, la conciencia de pérdida irremediable que causa depresión, desánimo, abatimiento). Pasados unos días, sobreviene **LA IRA** (rabia, reclamos, enfado contra los hombres que se equivocaron, o contra las circunstancias, e incluso contra Dios). Finalmente, la llama de la ira se consume hasta las cenizas del **PERDÓN** (perdonamos a los culpables de nuestra pérdida, perdonamos a las circunstancias, nos reconciliamos con Dios y con el recuerdo). Finalmente viene **LA DESPEDIDA**. Le decimos adiós para siempre a aquello que perdimos... Entonces, y solo entonces, estamos listos para levantarnos y seguir jugando. Desde esa óptica, el cuento del maestro es ilógico (aunque entendemos su intención), porque es imposible repartir las cartas y seguir jugando el juego de la vida sin haber pasado por el proceso de duelo, aunque sea de forma rápida. De hecho, mientras más rápido pueda una persona cursar ese proceso, es más resiliente y demuestra mayor inteligencia emocional.

Hace algunos años, un profesor quedó viudo. Se vistió de negro. Le dijo a todo el mundo que estaba de luto; arrastraba los pies, caminaba encorvado, iba a trabajar sin bañarse ni rasurarse; con frecuencia llegaba tarde o faltaba. Cuando le preguntaban por qué estaba tan mal, se aprestaba a contar con detalle su tragedia.

Ese hombre tenía dos hijas de edad preescolar. Les puso un moño negro en la cabeza. Así pasaron dos meses, tres meses, cuatro. Las pequeñas iban a la escuela sin arreglarse, sin mochila de útiles, sin tarea, sin comida, y su padre, daba clases sin prepararse: apagado, desaliñado, cabizbajo.

Un compañero lo confrontó:

—¿Qué te pasa, amigo? Ya debes reponerte. No puedes seguir de luto eternamente.

Y él contestó:

Ninguna crisis es más fuerte que tú

—Tengo un dolor en el alma que no puedo gestionar. Tú no sabes lo que se siente haber perdido a un ser querido tan cercano; estoy muy mal.

Tenía razón. El compañero no sabía lo que se sentiría estar en sus zapatos.

Pero después de siete meses el profesor seguía igual: faltando a clases, llegando tarde, lloriqueando por los rincones, sin cuidar ni atender a sus dos hijas. La realidad es que detrás de su duelo escondía una excusa para no trabajar; incluso disfrutaba las condolencias y los pésames (o al menos los utilizaba a su favor). Su compañero quiso ser cuidadoso al explicarle que estaba mostrándole a todo el mundo una fotografía del cadáver de su esposa para justificar su negligencia. Le sugirió que dejara descansar a esa mujer, y se despidiera de ella.

—Vive tu duelo en secreto y supéralo ya. Comienza a trabajar desde tu nueva realidad. No te sirve de nada que la gente se compadezca de ti y te diga "¡lo siento mucho!", porque la gente te lo dice, pero ¡en realidad no lo siente! El sentimiento de pérdida es tuyo. Y tienes que vivirlo en todas sus etapas, ¡y avanzar!, ¡dejar de hacerte la víctima!, ¡soltar el cadáver de tu mujer, organizarte, asumir tu responsabilidad y disponerte a trabajar como nunca! La vida te tiró, pero la contienda continúa, ¡ponte los guantes de box y prepárate para volver a la batalla!

Toda pérdida implica un duelo. No solo las pérdidas relacionadas con la muerte de personas, sino también las pérdidas de dinero, bienes materiales, trabajo, negocios, familia, oportunidades, relaciones... Las parejas que se divorcian sufren el mismo dolor de un fallecimiento, y necesitan pasar por todas las etapas de un duelo. Lo mismo sucede a quienes se les quema la casa o les amputan una pierna. Deben transitar por las cinco etapas.

Lo que no podemos hacer es quedar atrapados. Hay quienes miran al pasado y se estancan en detalles consumados; repasan lo sucedido y generan pensamientos en bucle de negación, tristeza e ira. Si una persona no es capaz de romper el círculo vicioso de un proceso de duelo que se reinicia una y otra vez, enloquecerá y quedará como inválido mental.

18

—¿Quieres que prendamos la chimenea? —me preguntó Amaia—. El clima lo amerita.

—Claro. Te ayudo.

—Yo lo hacía todo el tiempo con mi abuelo. Soy experta.

Tomó unos troncos de leña, los puso como base, luego hizo una especie de casita con palos secos, e insertó entre los troncos y los palos un cubo de paja compactada. Acercó un cerillo a los cubos de encendido y el fuego empezó a arder de inmediato. Resonaron los breves chasquidos de la combustión y las flamas ardientes fueron imbuyendo poco a poco su reconfortante calor a la sala.

—Cuando leí en tu carta que mi amiga Ariadne había muerto —comenté— sentí una estocada en el corazón. ¿Cómo sucedió?

—Eran vacaciones de verano. Papá hizo reservaciones para un hotel en Acapulco con dos meses de anticipación. Pero al llegar la fecha, resultó que tenía mucho trabajo. Lo acababan de ascender a la subdirección de una universidad y estaban por iniciar nuevas carreras. Él era el responsable de los programas de estudio, así que quiso cancelar nuestro viaje, pero mi mamá se enojó; le dijo que teníamos más de un año de no tomar vacaciones y que la reserva del hotel ya estaba pagada. Discutieron. Como te dije, a ellos toda la vida les costó mucho trabajo ponerse de acuerdo. Los hijos intervenimos. Teníamos todo arreglado en nuestros trabajos y escuelas para tomarnos esa semana, así que acordamos que mi hermano Rafael manejaría el auto hasta la playa.

—¿Qué edad tenía?

—Veinticuatro. Salimos muy temprano. Íbamos felices. Mi hermano manejó con precaución. Llevábamos una miniván; estaba en buen estado, aunque nunca la habíamos sacado a carretera. En una zona de curvas le estalló la llanta delantera izquierda. Nos volcamos y caímos a una ladera dando vueltas. Todos llevábamos cinturón de seguridad, pero la camioneta se aplastó en la parte frontal, justo en los asientos delanteros donde iban mi hermano y mi mamá. Cuando llegó el auxilio médico ellos ya habían fallecido. Chava estaba bien, lo sacaron de inmediato. A mí tuvieron que rescatarme de una cavidad en la que quedé atrapada. Tuve algunas fracturas. Pasé la siguiente semana en el hospital. No estuve presente en el sepelio. Un funeral trágico. Dificilísimo de entender. Dos fosas. Dos féretros. La mamá y el hijo mayor.

Su relato fue breve, pero pausado, como si le costara mencionar cada palabra. Tomó aire y volvió a ponerse de pie para añadir más leña a la chimenea.

—No entiendo —agregó circunspecta volviendo a sentarse— por qué a algunas personas nos toca vivir situaciones tan difíciles —se quedó mirando el fuego que le iluminó el rostro eclipsado por las sombras de un pasado incomprensible—. Mi madre siempre propició la unión. Mientras vivía, todos los días nos convocaba para tener algún tiempo en familia: cenábamos juntos y nos obligaba a apagar nuestros teléfonos celulares para que pudiéramos charlar. A veces mi papá cocinaba. Por *hobby*. Él siempre ha sido aficionado a preparar platillos exóticos. Después de cenar, solíamos jugar damas chinas; hacíamos torneos familiares, los cinco; jugábamos y reíamos hasta que nos dolía el estómago. Rafael era un mago para hacernos reír. Todo eso lo perdimos en un abrir y cerrar de ojos —aumentó el volumen, enfadada—. Lo perdimos, José Carlos. Se dice fácil, pero no es nada fácil. —Se detuvo unos segundos para serenarse—. Después del accidente, papá, Chava y yo, caímos en el vacío más profundo y oscuro que puedas imaginar. Similar al que vivimos ahora, con la diferencia de que mi abuelo nos rescató. Nos trajo a vivir con él. Estábamos acostumbrados a una zona ruidosa y congestionada de la ciudad. Cuando nos mudamos aquí, el silencio nos ensordecía. Poco a poco nos acostumbramos. Gracias a la naturaleza, los caballos, la compañía apacible y siempre inteligente de mi abuelo, fuimos sanando. Vendimos casi todo lo que teníamos y nos mudamos. Poco a poco las cosas mejoraron. A principios de 2020 mi padre, ya era rector de la universidad en la que siempre trabajó. Pero la pandemia ocasionó que el corporativo hiciera recorte de personal. Se quedaron con la gente operativa. Para sorpresa de todos, despidieron a los directivos, que eran los sueldos más altos, prescindibles en una época de clases en línea; así fue como mi padre se quedó sin trabajo; aunque nadie estaba contratando en esa época, se dedicó a visitar universidades para tratar de recuperar su puesto. En sus andanzas, buscando empleo, se contagió del virus —hizo una pausa—. Discúlpame por estar hablando demasiado. Hace mucho que no platicaba con nadie acerca de estas cosas.

Quise darle algún tipo de consuelo, pero apenas comencé a decirlo, ya me había arrepentido.

—A la larga, la vida siempre se arregla.

—¿Sabes qué es lo único que podría arreglar las nuestras?

—¿Qué?

Crispó los puños.

—Tener una maldita —apretó las palabras con furia— máquina del tiempo que nos regresara al pasado.

Ninguna crisis es más fuerte que tú

19

Me perdí en la contemplación del fuego. Las llamas en la chimenea bailaban y chisporroteaban como si tuvieran vida.

No quería hablar. No sabía qué decir. Detestaba la idea de sonar dogmático o dar consejos a quien solo anhelaba una compañía comprensiva.

Todas las ideas que tenía en mi mente las había escrito en el libro que traía impreso. Por eso la mayor parte del tiempo charlando con Amaia y Chava había evitado hablar de ellas. Además, estaba seguro de que una mujer como ella, con su inteligencia y sensibilidad, directora de una empresa que se dedicaba a capacitar a empresas y estudiantes, no necesitaba un maestro aleccionador.

Rompió el silencio. Preguntó:

—¿Alguna vez has hecho un ejercicio para guiar a otras personas a soltar el pasado?

—¿Por qué?

—¿No te gustaría hacerlo conmigo hoy? Quiero decir, ¿me ayudarías a hacerlo? Lo necesito.

Me extrañó su petición. Jamás había escuchado a una persona pedirle a otra que la llevara a reflexionar en algo en lo que ella misma podía hacerlo. Solo quizá cuando mis hijos eran pequeños, y yo solía contarles un cuento o hacer con ellos un ejercicio de meditación guiada para que se relajaran, mi hija mayor en algunas ocasiones llegó a pedirme: "Papá, esta noche ayúdame a dormirme en la playa; quiero escuchar las gaviotas y sentir la arena en la piel". Sus hermanos al oír eso se peleaban por ser ellos los que se durmieran en la playa. ¿Algo así me estaba pidiendo Amaia?

—No te entiendo —le dije.

—Guíame a pensar lo que debo pensar.

Increíble. Era exactamente eso lo que me estaba pidiendo. Como cuando un doctor herido le pide a otro doctor que le haga una sutura. No quise decirle que, si ella sabía lo que necesitaba pensar, simplemente lo pensara. Solo me puse de pie y le pedí que cerrara los ojos. Lo hizo con la avidez de alguien que está a punto de recibir un regalo largamente anhelado.

—Listo.

Me dio mucha ternura, quise tocarle el hombro para darle un cariño de ánimo; quise simplemente bendecirla, pero en vez de eso comencé a hablar con voz pausada. Le pedí que respirara despacio y fui guiándola hasta el pasado. Diez años hacia atrás.

—En este momento te encuentras en una oficina blanca, sentada en una silla ejecutiva, detrás del escritorio. Frente a ti hay un sillón para visitantes. Estás a punto de entrevistar a las personas más importantes de tu vida. Piensa en alguien con quien quieres hablar.

—Mi mamá.

—Muy bien. Ella acaba de llegar. Obsérvala. Ve cómo entra y camina despacio acercándose. Mira cómo toma asiento frente a ti. Analiza su rostro, su cabello, sus ojos.

Ninguna crisis es más fuerte que tú

Es ella. Está aquí. Te está viendo. Ahora vas a comenzar a hablarle. Le vas a decir cuánto la amas. Si puedes, cuéntale alguna anécdota de cuando eras niña; hazle saber cómo te ayudó tenerla cerca —guardé silencio para permitirle hacer el ejercicio en su imaginación, lo hizo con voz baja, en un murmullo—. Ahora pregúntale cómo está, dónde está. Pregúntale si te extraña.

La respiración de Amaia se volvió acezante. Su rostro se llenó de lágrimas.

—Quiero abrazarla —me dijo, sin abrir los párpados—, pero el escritorio no me deja acercarme. ¿Por qué hay un escritorio?

—Es para recordarte que tienes autoridad para administrar todos los recursos de tu vida. Sentada ahí puedes hablar de frente. Pero no tocar a la gente del pasado, porque el pasado es espiritual, inmaterial; así que mira a tu madre a los ojos y despídete de ella. Dile que no se preocupe por ti. Prométele que vas a estar bien —sus sollozos se volvieron gemidos suaves—. Dile adiós —le permití que se tomara su tiempo—, ahora deja que se levante y se vaya.

Llevó ambas manos a la cara y no soportó más.

—No puedo... no puedo dejarla ir.

—Está bien, quédate con ella un rato... Disfruta su presencia. Dale las gracias —repetí—. ¡Dale las gracias! Y cuando estés lista, despídete.

Tardó más de cinco minutos en terminar el ejercicio; con los ojos cerrados y las dos manos enmarcando su tabique nasal lloró. Guardé silencio, conmovido. Nunca había tenido una lectora-alumna con esa sensibilidad. Cuando terminó de despedirse de su madre le pedí que dejara pasar a la sala a su hermano Rafael. Con él, la dinámica fue todavía más desgarradora porque se atrevió a hablar en voz alta, como si solo estuvieran él y ella en la sala.

—Rafael, eres mi hermano mayor. Desde niña me cuidabas. Yo sabía que papá te prefería a ti; que a mí no me amaba igual, ¡pero no me importaba!, ¿sabes por qué, hermano? Porque tú sí me querías; me protegías, me defendías de la gente que me molestaba. Incluso me defendías de papá. Y yo me sentía una princesa. Sentía que era valiosa porque mi hermano me hacía sentir valiosa... Desde que te fuiste, ya nada es lo mismo. Hoy me siento sola y desamparada. Tú me dabas energía. Ahora soy una mujer débil. ¿Por qué te fuiste? ¿Por qué me dejaste, Rafael?

Amaia hizo el ejercicio a conciencia. Después se despidió de otras personas importantes. Y nos aventuramos a una práctica especial, pero igualmente poderosa. Habló con ella misma en su versión diez años más joven. Se dio consejos y se despidió de aquella jovencita.

Me pareció extraño que no hubiese incluido a su abuelo en los ejercicios de visualización, como si él fuera la única persona del pasado de quien no quisiera o no pudiera despedirse.

En ese momento alguien tocó a la puerta.

Amaia abrió los ojos y miró el reloj volviendo abruptamente al presente.

—¿Será Chava?

—No... Él no toca, y menos la puerta de enfrente. Entra a la casa por atrás hacia su cuarto.

—¿Entonces es Mauro?

—Sí.

Ninguna crisis es más fuerte que tú

20

Amaia no quiso abrir.

—Continuemos —me dijo, aunque había perdido toda la concentración—. Creo que también estoy muy apegada a las cosas que perdí. Mi vieja casa, mi vieja ropa. Tengo que pensar en los objetos materiales del ayer como si se hubiesen desvanecido para siempre —hablaba con rapidez, apretándose las manos, con una ansiedad repentina y creciente que antes no tenía—. Y debo voltear a ver las cosas que hoy poseo. ¡Y dejar de menospreciarlas! ¡Y valorarlas! ¡Solo debo organizar mis recursos actuales y aceptarlos como un nuevo punto de partida!

Volvieron a tocar. Esta vez la persona del exterior lo hizo de manera más insistente. También el teléfono de Amaia vibró y emitió una campanilla. Ella lo ignoró.

Era increíble la forma en que la chica se daba terapia, hablando de lo importante que es dejar atrás el pasado y enfocarse en el presente, pero no parecía capaz de levantarse a abrirle la puerta a su novio.

—Lo más importante de todo es entender quién soy y en qué creo. Mis convicciones son lo que me sacará a flote. La gente ahora no tiene convicciones. Hay quienes van por la vida como hojas secas movidas por el vendaval. Un día son socialistas y otro, capitalistas, un día creen en Dios, otro en la Pacha Mama y otro en el horóscopo. Un día se creen hombres, otro, mujeres y otro, vampiros.

Ella estaba sentada de espaldas a la escalera y de cara al ventanal. Por eso no vio lo que yo. Un hombre alto, canoso, ataviado con una bata color marrón apareció en el pasillo de madera del segundo piso caminando despacio; bajó las escaleras que daban a la sala. Su aspecto era tétrico, luctuoso, como el de un guardián de funeraria encargado de impedir que los deudos hagan ruido excesivo para no molestar a los velatorios vecinos.

—¿No oyen? —profirió.

Amaia se sobresaltó y giró asombrada.

—Papá.

—¿No oyen la maldita puerta? Están tocando desde hace rato.

La chica se puso de pie y caminó hacia su padre. La seguí.

—Qué bueno que saliste. Mira quién nos visita hoy.

—Hola, Salvador —me presenté—. Soy José Carlos.

—José Carlos —murmuró.

—¿Cómo estás, Salvador? Hace tanto tiempo que no nos vemos.

—Sí —contestó—. No nos vemos desde mi boda con Ariadne —lo tenía tan claro como yo.

La fisonomía de mi amigo era muy diferente a la que recordaba. Su cabello entrecano, largo a los costados, le raleaba en la coronilla. Su cara blanca se había vuelto rosada e hinchada, tal vez por el exceso de tiempo pegada a una almohada. En los brazos y en los dorsos de las manos había desarrollado grandes manchas de vitiligo.

Volteó a ver a Amaia con un gesto hirsuto.

—¿Puedes atender la puerta, por favor?

—Sí, papá.

La chica se separó.

Salvador comenzó a mover la cabeza como si buscara el origen de algún sonido que solo él escuchaba. Me di cuenta de que trataba de hallar una excusa para irse. Aunque también entendí que no había bajado solo para obligar a su hija a atender a algún recién llegado sobre quien de antemano ella había dejado claro su desinterés. Salvador estaba ahí porque pudo más la curiosidad de saludarme que su papel dramático de deudo eterno.

—¿Cómo estás, hermano? —lo abracé con la mirada, ya que ahora no era bien visto dar abrazos físicos.

—Mal —respondió bajando un poco la guardia—. Ya ves cómo nos ha ido a todos con esta pandemia.

—Sí, caray. Muchos hemos perdido el trabajo.

—¿Tú también? ¿La gente ya no lee tus libros?

—Bueno —accedí a hablarle en su idioma pesimista con una revelación quejosa—, ahora muchos lectores necesitan que les platiques los libros a través de videos. Prefieren ver sus dispositivos electrónicos antes que leer.

Mi estrategia funcionó.

—Debe ser muy difícil tener que guardar en un cajón todo lo que sabes hacer, para tratar ahora de convertirte en un youtuber.

No logré distinguir si había sarcasmo o intenciones despectivas en su comentario, pero me así de él para iniciar una conversación que al menos me permitiese romper el hielo.

—Sigo escribiendo, Salvador. ¿Te acuerdas que comencé a hacerlo desde que íbamos en secundaria? Solo que los tiempos cambian y ahora presento mis escritos de otras formas. Si yo fuera aficionado a la cocina, diría que ahora expongo mis platillos con nuevas presentaciones. De eso se trata todo en estos días. De hacer lo mismo, pero diferente.

La alusión al gusto culinario lo hizo sospechar mis intenciones de animarlo. Reaccionó a la defensiva.

—Cuando te quitan todo, ya no puedes hacer las cosas de forma diferente. Es como si, siendo cocinero, quisieras hacer un platillo en una cocina donde no hay insumos, ni ingredientes, y la estufa no enciende.

Quise decirle: "Tú tienes muchos insumos nuevos. Abundantes. Y por supuesto que la estufa de tu cocina enciende".

Solo asentí.

Amaia llegó hasta nosotros acompañada de un hombre maduro, peinado y vestido de manera impecable. Por un momento me dio la impresión de que el recién llegado usaba maquillaje para disimular sus imperfecciones del cutis. Debía tener arriba de cuarenta años, pero se esforzaba a toda costa por parecer más joven.

Ninguna crisis es más fuerte que tú

—Señor Salvador, qué bueno verlo aquí abajo —y de inmediato se dirigió a mí—. Y usted debe ser José Carlos, el escritor que fue muy amigo de la mamá de Amaia. Mucho gusto. —Cuando estaba extendiendo la mano recordó las nuevas usanzas y cambió su gesto por una inclinación de cabeza mitad oriental, mitad nueva normalidad.

—Mucho gusto. Tú debes ser Mauro.

—Para servirle.

—¿Por qué no nos sentamos frente a la chimenea? —sugirió Amaia—. Desde hace rato quiero preparar café.

—No —se desmarcó Salvador—. Yo estoy muy cansado. Platiquen ustedes. Me disculpo. —Se dio la vuelta y comenzó a subir las escaleras de madera. Amaia lo alcanzó y lo detuvo por el brazo. Su voz sonó como una imploración de auxilio.

—Quédate, papá. Por favor. No regreses a tu cuarto.

El hombre tuvo las fuerzas suficientes para sacudirse la mano de su hija.

—Respétame, por favor.

Ella retrocedió. Salvador nos echó un vistazo a mí y a Mauro.

—Caballeros, se quedan en su casa.

Y subió las escaleras.

—Espera, papá —Amaia lo llamó de últimas, cuando ya había llegado al segundo piso—. Chava se fue hace rato en la cuatrimoto. Dijo que iba a la tienda. Pero no ha vuelto. Tal vez fue a buscar a sus amigos. Tal vez, de nuevo, ya no regrese.

El hombre se detuvo unos segundos como considerando las opciones. Desde su angosta perspectiva, decidió que no eran muchas. Así que siguió por el pasillo y se encerró en su cuarto.

21

CONVICCIONES

¿Cómo interpretamos la adversidad? Nuestras creencias son la base de pensamientos, sentimientos y acciones. Decía Luis Alberto Machado: "Si me creo capaz de atravesar un río, muy posiblemente puedo atravesarlo. Si no me creo capaz, muy posiblemente estoy equivocado". Lo que creo de mí y de las circunstancias difíciles me lleva a luchar o a encerrarme, a pelearme con la gente o a reconciliarme, a detestar o a comprender, a odiar o a amar.

Dime en qué crees y te diré qué harás. Aquello en lo que creemos se convierte en el lente de interpretación por el que filtramos todo lo que sucede a nuestro alrededor; vemos solo lo que el lente nos permite ver. Aquello de lo que estamos convencidos determinará nuestra forma de vivir cada día.

Primero, elijamos nuestras virtudes. Hagamos una lista de virtudes. Breve ejemplo: *Honradez, lealtad, seguridad, puntualidad, generosidad, limpieza, compromiso, perseverancia, iniciativa, sensibilidad, tolerancia, determinación, disciplina, inteligencia, espiritualidad, amabilidad... (y muchas otras).* Ahora imagina que acabas de morir. Tus admiradores hacen un reportaje sobre ti y dicen: esta persona (tu nombre) tenía cinco virtudes evidentes... Y luego aparecen cinco palabras con letras gigantes. ¿Cuáles serían esas palabras? Si entre todas las virtudes humanas eligieras cinco para que se conviertan en tu distintivo, ¿cuáles serían?

¿Qué virtudes quieres que te definan? No solo las que domines o practiques sino las que DESEES dominar. Las que hablen de quién eres, pero sobre todo de quién quieres llegar a ser. Si declaras, por ejemplo (en presente afirmativo): "Yo soy una persona puntual, preparada, saludable, creativa y conciliadora". Entonces, cada día te esforzarás al máximo por llegar a tiempo a tus compromisos (porque eres puntual), leerás libros y tomarás cursos (porque eres alguien preparado), comerás comida baja en azúcares y grasas saturadas (porque eres saludable), buscarás soluciones ingeniosas a cualquier problema (porque eres creativo), y harás reuniones para aclarar malentendidos (porque eres conciliador).

Elige también tus creencias. Al principio creemos en lo que escuchamos desde la niñez. Aprendimos a creer por imitación. Sin embargo, al ir formando nuestros propios criterios elegimos creer lo que más se apegaba a nuestra lógica. Lo que decides creer acerca de la familia, la pareja, el género, la vida después de la vida, el bien, el mal, el dinero, el trabajo, etcétera, determina en gran medida cómo vives y qué decisiones tomas cada día.

CAPITAL MENTAL

Tu verdadero capital está entre las dos orejas. Si quieres renovarte, no puedes tirar a la basura lo que sabes y lo que crees. Si quieres modernizarte, no renuncies a ti.

En momentos difíciles, la gente se olvida de quién es. Pierde su identidad: arquitectos venden comida para llevar, deportistas se vuelven choferes de Uber, chefs trabajan de albañiles, compositores de música venden ollas, actores bordan logotipos en cubrebocas. ¡Lo hacen porque dicen que la construcción se ha detenido, los restaurantes no tienen clientes, los gimnasios están cerrados, y la gente no va al teatro ni compra música! Creen que reinventarse significa olvidarse de ellos mismos y empezar de cero.

El concepto "empezar de cero" no existe. ¡Porque, por más que hayamos caído, ahora mismo no estamos en cero! Hoy tenemos gente valiosa que nos apoya, recursos materiales que debemos organizar, tenemos, sobre todo, conocimientos, talentos, un *know how* del trabajo y de la vida, producto de muchos años de aprendizaje.

En la crisis ¿debemos intentar cosas nuevas? ¿Está bien cambiar radicalmente de actividad productiva (iniciando de cero)? Bueno. Está bien si lo que deseamos es "sobrevivir por el momento"; pero si queremos despegar, apasionarnos, y volver a tener éxito profesional, ese no es el camino.

Adaptarse es reinventarnos sin dejar de ser nosotros.

Los cocodrilos de tierra se adaptaron a las grandes inundaciones, no porque se convirtieran en elefantes o jirafas, sino porque (sin dejar de ser ellos mismos), modernizaron sus habilidades para caminar sobre terrenos enfangados y aguantar la respiración bajo el agua. ¡Pero siguieron siendo cocodrilos!

Dijo Steve Jobs: "La única manera de hacer un gran trabajo es amando ese trabajo". Quienes tienen la oportunidad de elegir un empleo o una carrera deberían inclinarse siempre por aquello que les gusta tanto hacer, que estarían dispuestos a hacerlo gratis. Que incluso pagarían por hacerlo. Y quienes ya saben lo que aman, deberían especializarse en ello, en vez de diversificarse.

Hoy muchos nos recomiendan diversificarnos. En esta época de crisis financiera surgen gurús por todos lados que aconsejan a la gente incursionar en negocios distintos. Te invitan a olvidarte de lo que siempre has hecho. Dicen que debes renovarte (lo cual es verdad), y que lo que antes funcionaba ya no funciona más (también es cierto), pero luego derrapan recomendándote que te adentres en los veinte negocios digitales del futuro (inventados por ellos) o que emprendas en las catorce nuevas actividades coronavíricas (tienen muy buena imaginación), ¡o de plano te dicen que hagas cualquier otra cosa creativa de la que no tienes la menor idea!

Iniciar una actividad desconocida te pone en desventaja. Porque todo aprendizaje tiene una curva de varios años. El que sabe hacer pizzas no aprendió sus secretos en un día de ocio. El experto en declaraciones de impuestos, no se hizo contador porque un día le faltó trabajo en la carpintería. Tampoco el carpintero aprendió a hacer muebles porque cuando era doctor se le acabaron los pacientes. Tratar de arreglar tus problemas financieros haciendo nuevos negocios en áreas desconocidas es como si un hombre quisiera arreglar su matrimonio proponiéndole a su esposa que cambie de marido. Para renovarte y reinventarte, tú eres suficiente.

Para renovarte y reinventarte, tú eres suficiente.

22

Amaia vio a su padre subir las escaleras para volver a encerrarse en su cueva de dolor. No pudo soportarlo y agachó la cara tapándose con una mano.

Mauro se acercó a su novia y quiso consolarla.

—Tranquila, chiquita. Tranquila. Ya sabes cómo son las personas mayores. Pero tú eres una triunfadora. Una campeona, mi reina. No te desanimes. La vida es hermosa. Vas a salir adelante. Piensa en la grandeza que hay en tu interior. Inhala y exhala. Pídele al cosmos que te llene.

Se me revolvió el estómago solo de escuchar esas frases forzadas y aprendidas. Repelí la arenga al darme cuenta de que yo mismo a veces decía palabras similares y me aterré de lo fina que era la línea entre un mentor verdadero y un motivador fatuo. Me mordí los labios como recordatorio de que debía callar y escuchar a la gente antes de hablar. No quería parecerme a Mauro. Ni ese día ni nunca.

Amaia se deshizo de las lisonjas superficiales y engreídas de su novio, caminando de vuelta hacia la sala. Era una mujer fuerte. Su rostro pecoso se notaba glacial. No estaba llorando.

Ninguna crisis es más fuerte que tú

—Siéntense por favor —nos pidió—. Voy a preparar café.

Desapareció en la cocina. Mauro y yo tomamos asiento frente a frente.

—Escuché que don Salvador y usted estaban hablando de renovarse —me dijo.

—Háblame de tú, Mauro.

—Gracias, José Carlos. La renovación es un tema necesario, ¿no crees? Sobre todo en esta época. Yo hablo constantemente de ella con mis discípulos. —Asentí asombrado ¡tenía discípulos, como Jesús!—. Soy *coach* ontológico certificado. —Sacó un tarjetero plateado repleto de tarjetas recién impresas; estaban tan apretadas que le costó trabajo extraer una; me la extendió. Eran de *Mentalidad Fénix*. Debajo de su nombre, había impreso las palabras CEO y *Director General*. De modo que, a su entender, además era dueño y mandamás absoluto.

—Sí. La renovación es un tema fascinante —le seguí la plática—. ¿Y qué les dices sobre eso a tus "discípulos"?

—Bueno. Yo uso mucho el cuento de la vaca para explicarles que renovarse significa matar a nuestra vaca. Es decir, olvidarnos de todo lo que siempre hicimos antes para atrevernos a hacer otras cosas que nunca hemos hecho. Solo así puede ocurrir la renovación. ¿No estás de acuerdo?

Volví a morderme los labios. No lo estaba. Pero calculé que no tenía caso desgastarme en discusiones con un mesías.

Tenía mis propias convicciones al respecto de la vaca.

NUESTRA VACA

Todos tenemos una vaca. Aquello que dominas; eso, de lo que siempre has vivido y te ha dado de comer durante tantos años. Tu VACA LECHERA.

Según la matriz de BOSTON CONSULTING GROUP, toda empresa puede tener cuatro tipos de productos:

1. EL PRODUCTO INCÓGNITA que representa un enigma pues nadie sabe si, a la larga, va a despegar o no.
2. EL PRODUCTO PERRO, que lo tenemos en el catálogo porque a la gente le gusta, aunque financieramente no nos hace crecer (un perro pide comida, baño, paseo y que limpies sus desechos), al final es un gasto.
3. EL PRODUCTO ESTRELLA, que está de moda, brilla y llama la atención del público, pero nos exige demasiada inversión (de tiempo, dinero y trabajo) y nos reporta muy poca utilidad.

Hasta aquí llevamos tres tipos de productos que nos hacen emprendedores y nos entretienen; ninguno de ellos nos asegura el éxito ni nos ayuda a pagar las cuentas. (El incógnita lo tenemos como apuesta; el perro, lo tenemos como decoración, y el estrella la tenemos para estar a la moda). Por fortuna existe un cuarto tipo de producto:

4. LA VACA LECHERA. Es el producto discreto, clásico, con el que crecimos, que, aunque ya no está de moda, la gente lo sigue comprando y siempre nos brinda su ración de leche.

Ninguna crisis es más fuerte que tú

Financieramente eres lo que eres por tu vaca lechera. Eso que te distingue desde hace años, dominas y es parte de ti. Tal vez ya te aburriste de tu vaca lechera. Tal vez quieras dejarla atrás y probar con algún producto estrella o incluso con un producto incógnita. ¡Y está bien! (Siempre es divertido lanzarte a la aventura), ¡sin embargo, por si las dudas, conserva a tu vaca lechera bien resguardada y alimentada! Por ningún motivo se te ocurra matarla.

Había una vez un granjero que tenía seis hijos y una vaca. La vaca les daba leche todos los días. De hecho, esa familia vivía de su vaca, la amaban, porque era su fuente de alimentación.

Cierto día llegó a su casa un supuesto sabio. La familia le dio hospedaje y le contó que desde hacía años ellos ordeñaban a su vaca, vendían leche, crema, mantequilla y comían de lo que la vaca producía.

El sabio pensó que, si la vaca de esa familia moría, ellos se verían obligados a incursionar en nuevos negocios, pues estaban demasiado centrados en lo mismo y no podían progresar.

Esa noche él mismo mató a la vaca de la familia (para hacerles un favor) y huyó. Cuenta la historia que el año siguiente cuando regresó, halló que los miembros de esa familia eran millonarios pues al ver a su vaca muerta decidieron sembrar legumbres, venderlas, reinvertir sus ganancias, comprarse camiones repartidores de legumbres, y se volvieron exportadores ultramillonarios.

Ese es el cuento. Interesante. Curiosito. Pero pocas veces he leído una historia (que pretende ser moralizadora) con un mensaje tan absurdo. ¡Así no funcionan los negocios, ni el trabajo, ni la vida! Lo dicen los principios básicos del modelo Boston Consulting Group: "Una organización puede deshacerse del producto perro (simpático y agradable que no da utilidad), puede deshacerse del producto incógnita (que no sabemos a dónde va a llegar), puede deshacerse incluso del producto estrella (que atrae los reflectores), pero por ningún motivo puede deshacerse de la vaca lechera que representa su esencia, su historia, su pasión y que, por si fuera poco, siempre le ha dado de comer.

Un final más inteligente del cuento hubiera sido este:

El hombre sabio le aconsejó a la familia:

—Ustedes tienen una vaca desde hace años, pero la han descuidado y la valoran poco. Como son expertos en vacas, les sugiero que, en vez de incursionar en negocios desconocidos, le den vitaminas a su vaca, la fortalezcan, la crucen, y hagan crecer su granja llenándola de más vacas. Consigan las mejores. Hagan un imperio de supervacas.

El maestro se fue, y al siguiente año se encontró con que esa familia era la directora de la empresa más grande de productos lácteos en la región.

¡Moderniza a tu vaca, pero no la mates! Para empezar, ¡identifícala! Tu vaca es lo que sabes hacer, tus talentos, tu fortaleza, tu historia, tu pasión.

Modernízate sin perder tu esencia. Modernizarse no es mudarse a otro cuerpo y a otra mente. No es tirar a la basura lo que somos, sino convertirnos en una nueva versión de nosotros. Como los programadores de *software*. Las compañías de programas y aplicaciones no desechan sus productos solo porque la gente ya no los consume como antes. Lo que hacen es actualizarlos. Sacan la versión cuatro; siete; catorce... También los fabricantes de teléfonos celulares lo hacen; cada año ofrecen una nueva versión de lo mismo. Por eso, conviértete en una nueva versión de ti.

23

Amaia seguía en la cocina. Tal vez haciendo tiempo para recuperar la calma. Hablaba por teléfono. Al parecer estaba tratando de localizar a su hermano.

Mauro y yo no teníamos mucho tema de conversación, así que aproveché la tardanza de Amaia y puse más trozos de leña en la chimenea.

—Chava es un chico problema —dijo Mauro a mis espaldas—. No le gusta estudiar, por supuesto tampoco trabajar. Si no endereza el camino va a terminar siendo un parásito.

Me molestó el comentario. No había en él la más mínima piedad por el sufrimiento del joven. Me pregunté si conocería la historia de Chava. Regresé al sillón con la espada desenvainada.

—Y tú, Mauro, cuéntame, además de este puesto rimbombante que tienes en la empresa de Amaia, ¿en qué otra cosa has trabajado?

—La empresa no es de Amaia. Es de los dos.

—¿De veras? ¿Y qué más has hecho?

—He sido asesor en un despacho de arquitectos.

—Interesante. ¿Y en qué asesorabas a los arquitectos?

Ninguna crisis es más fuerte que tú

—En cómo y dónde construir. Siempre he tenido muy buena visión.

—¿Y te pagaban bien por asesorarlos?

—Claro. Bueno. A veces. No duré mucho con ellos. Luego me dediqué a la consultoría de personas codependientes.

—¿En dónde?

—En grupos de Al-Anon y Doble A. Ellos siempre me han buscado para que les dé charlas.

—Vaya. Esa sí es una actividad loable, aunque no remunerada. ¿Qué otra cosa *productiva* has hecho? —enfatice la palabra productiva.

—He hecho muchos negocios. He comprado y vendido cosas. Y ahora que soy *coach* ontológico certificado, pues doy infinidad de cursos. Me va bien. Vivo en un departamento moderno y lujoso.

—Ya veo —tomé una estatuilla de cristal que había en la mesa de centro para distraer las manos. Había algo que no acababa de embonar—. ¿Y cómo conociste a Amaia?

—En un congreso de desarrollo humano. Muy bueno, por cierto.

—¿De veras? Cuéntame.

—El salón estaba casi lleno. Había pocos lugares vacíos. Uno de ellos a mi lado. Dio la casualidad de que Amaia llegó tarde y se sentó junto a mí. Desde que la vi entrar pidiendo permiso por la fila de asientos, me impactó su belleza. En el transcurso de la conferencia, el motivador nos pidió que eligiéramos una pareja. La persona sentada a nuestro lado. Nos guio a hacer ejercicios de comunicación y conexión. Amaia y yo tuvimos la suerte de hacerlos juntos. Lo demás es historia. Fue amor a primera vista.

No sabía por qué, todo lo que ese hombre decía, me incomodaba.

—Y ahora —apuré—, debe ser muy difícil dirigir una empresa de campamentos e intercambios.

—Bueno, estamos dando asesorías personalizadas. Nos está yendo bien.

SER PRODUCTIVOS

¿Qué hace una persona productiva? Hace cualquiera de las ocho actividades productivas conocidas. La primera y la segunda actividad de la siguiente lista no generan dinero de forma inmediata, pero sí a la larga. Cualquier actividad productiva de la lista se traducirá en dinero tarde o temprano, directa o indirectamente.

Las actividades productivas que podemos realizar son:

1. Estudiar (obtener conocimientos que capitalizaremos después).

2. Trabajar en las labores de la casa (respaldando a alguien más de la familia).

3. Emplearnos en una empresa (ganar un sueldo).

4. Autoemplearnos (como profesionistas independientes).

5. Poner un negocio propio.

Ninguna crisis es más fuerte que tú

6. Comerciar (comprar y vender productos).

7. Crear obras artísticas o de contenido que interesen a posibles clientes.

8. Invertir ahorros en bienes que nos paguen renta o dividendos.

¿Podemos realizar dos actividades productivas a la vez? ¡Por supuesto! Cada actividad productiva nos exigirá su propio tiempo y dedicación, pero también nos pagará sus utilidades. Lo mejor, sin embargo, es que nos especialicemos en una. Elígela. Enfócate y realízala con excelencia. Antes se creía que la astucia era indispensable para generar riqueza; hoy se sabe que la astucia es una facultad de mínima importancia comparada con la que verdaderamente nos puede hacer ricos: la excelencia. Así que, si vas a hacer algo, hazlo con excelencia.

¿Qué necesitamos para generar dinero? Nuestra actividad productiva debe tener dos requisitos: VALOR AGREGADO Y CREDIBILIDAD.

1. **VALOR AGREGADO:** Significa añadirle a nuestro trabajo productivo un valor que no tiene la oferta de los demás. Hay mucha competencia; miles de personas desesperadas haciendo lo mismo que nosotros. La única forma de ganarles a ellas el dinero de un cliente es hacer que ese cliente perciba que nosotros tenemos un producto o servicio, diferente al de la competencia, de alta calidad y único.

2. **CREDIBILIDAD.** Además, quien nos paga necesita creer que cumpliremos nuestras promesas. La persona creíble inspira confianza, y la confianza atrae dinero. Incluso los mercados financieros se mueven en función de la confianza. Detrás del valor accionario de una empresa hay gente que tiene o no confianza en esa empresa. Si los inversionistas perciben que en un país hay políticas de división o de falta de cumplimiento, levantarán el teléfono y le dirán a su bróker, por ejemplo: "Vende todos mis bonos del tesoro de México o de Venezuela o de Bolivia y compra otros en China o en Singapur". Así es como los grandes capitales se mueven y hacen que una institución valga más o menos. Todos en función de la credibilidad.

Para lograr lo anterior necesitamos disciplina. DISCIPLINA es igual a PERSEVERANCIA Y PACIENCIA. La perseverancia nos lleva a hacer las cosas bien una y otra vez, y la paciencia nos lleva a esperar que suceda algo a nuestro favor, mientras seguimos trabajando. Tener disciplina es estar presentes, poner atención, interés, organización, y constancia. Elijamos una actividad productiva, hagámosla con excelencia, creemos en ella un valor agregado que nos distinga, cumplamos nuestras promesas generando credibilidad y confianza. Seamos disciplinados (perseverantes y pacientes), y el dinero vendrá.

Amaia regresó a la sala con una charola. Me paré para ayudarla a cargar la jarra de café mientras ella ponía las tazas en la mesa de centro.

Le pregunté:

—¿Sabes algo de tu hermano?

—Nadie lo ha visto. No fue a la tienda cercana.

—¿Quieres que vayamos a buscarlo?

—Solo de imaginar otro viacrucis haciéndola de investigadora por las calles, se me descompone el estómago. Espero que regrese. Vamos a darle tiempo —tomó asiento a mi lado—. ¿De qué hablaban?

—De cómo van las cosas en *Mentalidad Fénix*. —Levanté un poco la tarjeta de presentación que Mauro acababa de darme, y la leí con intenciones de que Amaia la viera—, le decía a tu novio que en estos tiempos debe ser difícil llevar sobre los hombros el cargo de CEO y director general.

Ella me quitó discretamente la tarjeta de presentación para mirarla. No pudo evitar abrir la boca por el asombro.

24

Amaia observó la tarjeta de presentación de Mauro con gesto de interrogación.

—No sabía que te habías dado un ascenso, amor. Hasta donde yo me quedé eras gerente de operaciones.

—Todo es cuestión de mercadotecnia, mi ángel. A la gente no hay que andarle diciendo que estamos casi en bancarrota. Hay que esforzarnos por la buena apariencia.

Se veía que, en eso, era un experto. Además de tener un peinado impecable, visto de cerca, en efecto se notaba un maquillaje debajo de sus ojos. También se había hecho manicura en las uñas.

—No estamos casi en bancarrota, Mauro. Seguimos activos. —La joven increpó, quizá resuelta por sentirse protegida junto a mí—. Acabo de mandar a refrescar nuestra página web. Y, con todo respeto, si estás haciendo nuevos negocios, deberían ser para generar ingresos a la empresa, no a ti.

Mauro ladeó la cabeza como si le estuviesen hablando en otro idioma.

—¿A qué se debe tanta agresión hoy? Tú sabes que *Mentalidad Fénix* es de los dos. De hecho, yo soy el autor intelectual del concepto.

Ninguna crisis es más fuerte que tú

—Del logotipo. ¡Solo del logotipo! El capital de inversión fue mío. Tú no pusiste un centavo.

—El capital de trabajo también cuenta. Y vale.

La tensión repentina provocó un largo silencio.

—A ver, Mauro —tercié—. Disculpa mi intromisión. ¿Pero tú tienes un sueldo de gerente?

—¿Eso qué importa?

—Solo trato de dar un punto de vista imparcial. ¿Lo tienes?

—Sí.

—Entonces no puedes hacer ningún trabajo a nombre de la empresa, que te paga, y recibir los ingresos a título personal. No podrías hacerlo, aunque fueras el socio capitalista mayoritario. Incluso no podrías hacerlo, aunque fueras el único dueño.

—Estoy en desacuerdo. Los propietarios de las cosas tienen más derechos.

—Dirás obligaciones. Pero, a ver. El que nos consideremos propietarios de algo no significa que en realidad lo seamos. De hecho, como "*coach* certificado" —hice el ademán de entrecomillado al aire con los dedos—, debes saber que los seres humanos somos administradores. Nada de lo que tenemos es nuestro. Si fuera nuestro nos lo llevaríamos al dejar este mundo. Cuando decimos: "Este es mi auto, mi casa, mi dinero, mi esposa, mis hijos", en realidad estamos diciendo: "Todas esas cosas y personas se encuentran bajo mi administración". Y un buen administrador está obligado a hacer crecer y brillar lo que se le ha dado a administrar. No es difícil de entender. Todo lo que tenemos en la vida es temporal y se nos ha prestado para que le sumemos valor.

—Estoy de acuerdo. Pero las Leyes "de la vida" —hizo la señal de entrecomillado con los dedos al aire en revancha sarcástica— dicen que cada uno debe cosechar conforme a lo que sembró. Yo no me puse ese cargo en la tarjeta solo por vender más, sino porque las personas comprometidas tenemos derecho a mayores privilegios. Eso dice la superación personal.

—¿De qué hablas, Mauro? —Esta vez fue Amaia la que saltó entrando al concurso de terminologías—. Los privilegios se ganan; es un "principio de cargo" —también entrecomilló—. No podemos darle un puesto más alto al empleado que se ha desarrollado mal en el puesto que antes tenía. Es inviable dar en administración nuevos recursos a quien ha hecho que los viejos, bajo su consigna, valgan menos.

—Ay, mi reina. Tú sabes que si las cosas han ido mal es porque Sofi ha hecho mal el trabajo de ventas; siempre te dije que esa secretaria no nos convenía.

—Mauro, le has encargado a Sofi que dirija la oficina. Pero tú casi no vas, o llegas tarde. Y no me refiero a los meses de pandemia, me refiero a lo que haces desde siempre. Es cierto que estamos pasando tiempos difíciles; es verdad que necesitamos reinventarnos y ofrecer nuevos productos basados en lo que ya dominamos, pero tenemos diez empleados a los que no hemos querido despedir con la esperanza de levantar el negocio. Solo que en la empresa hay un problema de productividad. No somos productivos. Deberíamos trabajar en equipo y buscar la forma de volver a generar ingresos. Sin clientes y sin dinero, sí nos vamos a ir a bancarrota. Dices que estás comprometido con la marca, pero la palabra *compromiso* tiene un sinónimo: *Presencia*. Alguien podría decir que está comprometido con su familia, pero si no está presente para ayudarla, para pasar tiempo de calidad con ella, para compartir con ella momentos valiosos cada día, entonces es mentira, no está comprometido. Lo mismo sucede con cualquier otro aspecto de la vida. Si estoy comprometido, lo demuestro con mi presencia; estando ahí.

El metrosexual abrió y cerró los ojos tratando de atenuar un repentino escozor en sus párpados, luego infló las mejillas como hacen los peces globo cuando se ven en apuros. Por lo visto, Amaia y él nunca habían hablado de estos temas, al menos no de forma tan directa. Pude detectar que la ofuscación de Mauro iba más allá de los linderos empresariales. Hubo algo en las palabras de Amaia que le removió alguna llaga escondida.

Me arriesgué a disparar en la oscuridad hacia un blanco que consideré plausible:

—Es verdad, Mauro. El compromiso se demuestra con presencia. Y a ti te aflige no haber estado presente con la familia que dejaste.

Levantó la cara con brusquedad, y luego volteó a ver a su novia.

—¿Tú le dijiste? —reclamó—. Habíamos quedado en que mi vida pasada era confidencial.

La joven permaneció impasible, como estatua, sin hablar.

—Ella no me dijo nada —aclaré—, yo lo deduje. Un hombre de tu edad (porque por lo menos eres diez años más viejo que tu novia), no puede fingir que es un casto soltero. Seguro ya tuviste una esposa, y tal vez hijos. Y está bien. No pasa nada. Solo pude ver que, cuando Amaia te habló de presencia y compromiso con la familia, hiciste una mueca de mortificación.

Porfió en abrir y cerrar los puños tratando de ocultar sus movimientos debajo de la mesa de centro.

—Amaia sabe mi historia. Sabe que estuve casado y que tengo un hijo al que nunca he visto, porque mi esposa se fue a vivir al extranjero con otro hombre, y se llevó al niño. Eso es todo. Y sí. A veces me pregunto cómo estará mi hijo.

—¿Por qué te dejó tu esposa? —pregunté.

—Ya te lo dije, porque se lio con otro.

—¿Y por qué se lio con otro?

—No lo sé, pregúntale a ella —levantó el mentón en gesto retador—. ¿Me estás interrogando?

—Para nada, Mauro. Solo estamos conversando.

—Pero noto cierto tono de juicio en tus preguntas.

No tenía caso seguir yéndonos por las ramas.

—Mira —me sinceré—, yo soy amigo, casi hermano de los padres de Amaia. Pero su mamá falleció y su papá se encuentra en un estado emocional de incapacidad. Así que, en estos momentos, soy como el padre de los dos jóvenes. Y noto que mi hija, digámoslo así, está muy confundida por lo que has hecho, tanto con el manejo de la empresa, como por la forma en que hablas de positivismo y éxito en público cuando, en secreto, tienes un diálogo de negativismo. Eso sí me lo contó ella. Creo que, si quieres recuperar su confianza, debes quitarte todas las máscaras de una vez y explicarle exactamente qué te aflige de tu anterior familia.

Mauro se vio acorralado. Analizó el escenario. Vio que quizá, por primera vez, Amaia no estaba sola. Así que, con pausas y tropezones, comenzó a explicar.

25

ALERTAS DE PELIGRO

Ya teníamos antecedentes de un coronavirus. Casi idéntico. En el año 2003, el virus causante del SARS (Severe Acute Respiratory Syndrome o Síndrome respiratorio agudo) contagió a 8 098 personas, de las cuales murieron 774.[2] Pero la epidemia se detuvo porque los enfermos podían identificarse y aislarse. Sin embargo, la versión 2019 del mismo virus llegó con una nueva característica letal: la mayoría de las personas infectadas no manifestarían síntomas y esparcirían el virus hasta los últimos rincones del planeta. Caímos en el "PELIGRO DE LA FAMILIARIDAD".

El *Peligro de la familiaridad*. Es un axioma de supervivencia que dice: "Difícilmente morirás ante un riesgo nuevo y extraño, porque te pondrás alerta, pero todo riesgo con el que te hayas familiarizado podrá matarte de manera inesperada". Cuando el cocinero se familiariza con el cuchillo, se puede rebanar un dedo; si el operario de una máquina con navajas se familiariza con las navajas, al primer descuido perderá el brazo; el que se

---

2 https://www.who.int/mediacentre/news/releases/2003/pr56/es/
  www.cdc.gov/mmwr/preview/mmwrhtml/mm5249a2.htm

Ninguna crisis es más fuerte que tú

familiariza con el maltratador, o con el alcohol, o con la droga, o con las acciones ilegales, o con las alertas sanitarias eventuales e inofensivas, tarde o temprano quedará ensartado como mariposa de colección (también las mariposas se familiarizan con la red del cazador). Ahora todo el planeta está en crisis. Fuimos noqueados como el boxeador que se familiariza con los golpes débiles de su oponente y de pronto recibe un puñetazo directo a la barbilla.

A veces no anticipamos los peligros. Somos demasiado ingenuos y desenfocados. Vivimos distraídos en naderías; dejamos pasar oportunidades y no vemos las amenazas acechando. Nos familiarizamos con situaciones irregulares hasta que nos parecen regulares. Y el suelo quebradizo al que nos acostumbramos tarde o temprano se rompe y nos hace caer.

Desconfía. No aceptes como normales las cosas malas, anormales. No aceptes como bueno lo que, en tu fuero interior, sabes que es malo. Mantente alerta y lucha cada día por proteger la obra maestra de ese día.

Mauro se sirvió una taza de café antes de hablar. Dio un par de tragos e hizo un discreto buche para aclararse la garganta.

—Tuve una novia desde el bachillerato —comenzó—. Valeria, se llamaba. Era rica. Su familia tenía hoteles. A pesar de que yo era pobre, creyó en mí. Vale fue mi amiga y consejera muchos años. Yo anhelaba superarme para estar a su altura. Entramos juntos a estudiar la carrera de arquitectura, soñando en que algún día pondríamos una firma especializada en construir hospedaje. Pero yo comencé a tener problemas con la bebida. Ella terminó la carrera y yo la dejé a la mitad. A pesar de mi alcoholismo, trató de ayudarme. No es muy grato confesarles todo esto porque fueron muchos los errores que cometí. A los veinticuatro años, la embaracé. Sus papás no querían que nos casáramos, porque decían que yo era un paria. Y eso que no se habían enterado de mi alcoholismo. Le prometí a ella que dejaría de tomar y le propuse que nos fuéramos a vivir juntos. Vale tenía un departamento muy bonito a su nombre. Y nos fuimos a vivir ahí. Después, sus papás la perdonaron y nos siguieron ayudando con los gastos. Me dieron trabajo en su inmobiliaria y me desarrollé bien, creo. Pero no me sentía realizado, porque no me gustaba el trabajo que hacía. Tampoco cómo me trataban. Así que volví a tomar. A veces no llegaba a dormir al departamento. También tenía mucha curiosidad de conocer a otras mujeres porque nunca tuve otra novia más que Vale, pero me aguanté como los machos y no le fui infiel. Una noche llegué con copas y quise jugar con mi bebé que apenas tenía un año, y el niño se me cayó de los brazos. Terminó en el hospital, bañado en sangre. Recuerdo la escena como si hubiese sido ayer, y me atormenta por las noches. Valeria me dejó. Se fue con sus papás. La mandaron a vivir a otro país. Quise ponerme en contacto con ella y no lo permitió. Luego me enteré por las redes sociales que estaba saliendo con otro. Yo nunca le fui infiel y ella sí. Eso me acabó. Comencé a tomar mucho más, hasta que un amigo me llevó al grupo de 24 horas de Alcohólicos

Anónimos. Reaccioné y me recuperé. Ahí fue donde me di cuenta de que era bueno para hablar en público. Porque siempre que decía mi testimonio de recuperación la gente se conmovía. Por primera vez me sentí realizado. Entendí que lo mío era dar consejería a otras personas que estaban sufriendo lo que yo sufrí y logré superar.

Amaia estaba aturdida y asombrada por la historia que acababa de conocer.

—¿Te casaste con Valeria? —preguntó.

—Sí. Pero nos divorciamos después.

—¿Volviste a verla?

—No.

—¿Y a tu hijo?

—Solo a través de las redes sociales.

—¿Nunca te bloquearon?

—No les di motivos.

—Me dijiste que no habías vuelto a saber de él.

—Lo dije para no causarte angustia.

Mauro sacó su teléfono y buscó algunas fotografías. Se lo dio a Amaia.

—Este es mi hijo. Tiene quince años. Te lo presento.

Ella pasó las fotos despacio. Las vio con detenimiento. Parecía confundida e indecisa. Reflexionaba sobre las implicaciones de continuar una relación con alguien que tenía un hijo adolescente de quien, por lo visto, no quería separarse. Me pasó el celular. Observé las fotos. Hubo algo en ellas que me alarmó. No se lo quise decir a Amaia.

—Mauro —le dije regresándole el celular y dándole el beneficio de la duda ante mi primer juicio—, yo creo que las personas podemos cambiar. Creo que la vida nos da una oportunidad de renovarnos cada día, sin embargo, el cambio verdadero no admite hipocresías —puse su tarjeta de presentación sobre la mesa—. Tú te autonombraste director general y CEO de una compañía que no es tuya, y te ufanas de tener discípulos a los que les enseñas cómo realizarse cuando tú mismo no eres una persona realizada.

—Ahora lo soy. Te lo digo con sinceridad, porque sé que estás en el papel de proteger a Amaia. Sí. Lo reconozco. Arrastro muchos complejos. Tengo mal carácter. A veces me enojo fácilmente, y tiendo a ser celoso. Siempre me costó disfrutar el trabajo. Pero ahora soy feliz y *realizado* —enfatizó la palabra—. Gracias a Amaia. ¡Ella me rescató! Lo reconozco y estoy profundamente agradecido. Es una gran mujer. No quise usurpar un puesto, ni mentir. Solo intento enfocarme en hacer bien el trabajo de *coach*, porque cuando doy consejos a otros es cuando mejor me siento. Estoy dispuesto a enmendar cualquier error, porque sigo aprendiendo y creciendo cada día, y, sobre todo, porque quiero llegar a ser un hombre del que mi hijo nunca se avergüence.

Amaia tenía la vista fija en el fuego de la chimenea. Tardó en dar su veredicto. Al fin se levantó de su asiento para ir a sentarse junto a Mauro.

Lo abrazó.

26

REALIZACIÓN DIARIA

Realización **se define** como un estado de satisfacción que se logra cuando trabajamos intensamente disfrutando el proceso. Es un error decir: "Me satisface haber logrado el resultado deseado"; deberíamos decir: "Me satisface trabajar (y lo hago feliz), luchando por lograr el resultado". No es la meta alcanzada lo que nos debería satisfacer, sino el trabajo que hacemos por alcanzarla. La organización Best place to work dice: *La gente feliz en el trabajo es la que al final, siempre logra más.*

No existe el hombre realizado. Existe el hombre de realizaciones diarias. Nadie puede decir que es una persona realizada, porque la realización se logra (o no) todos los días. ¡Y cada día tiene su propia lucha!

Cuando estás en un concierto y ves al solista entregarse a su instrumento con pasión, casi en éxtasis, disfrutando lo que hace, cerrando los ojos, ejecutando con maestría aquella melodía que forma parte de su misma naturaleza (porque de tanto ensayarla se ha fundido con ella), te encuentras ante una persona realizada. Se realizó ese día, en ese concierto. Al día siguiente, si vuelve a tocar en otro concierto, tendrá que volver a realizarse.

Mihály Csíkszentmihályi llamó a eso *Flow*. Abraham Maslow lo estableció como el estado de máxima creatividad en los momentos de prueba.

Según Maslow, hay cuatro estados mentales. Se aplican en la adversidad: el *descontrol, el desaliento, la furia y la realización.* Aunque se parecen un poco a las etapas del duelo, se aplican en situaciones distintas.

Imagina: estamos en medio de una crisis. (No es difícil). Mejor aún, piensa que te encuentras frente a un problema específico:

*Vas manejando en carretera un auto nuevo que aún no conoces bien; es una noche lluviosa, hace frío, está oscuro. De pronto se le poncha una llanta a tu coche. Maslow dice que lo primero que sentirás será **DESCONTROL:** Entrarás en pánico y harás tonterías. Tal vez salgas del auto sin fijarte en los otros coches, tal vez abras la cajuela, busques herramientas, trates de hablar por teléfono y lo dejes caer. Después sentirás **DESALIENTO:** Tal vez te quedes encorvado repasando la mala suerte que has tenido, el peligro en que te encuentras, y tu incapacidad de resolver el problema, pues no conoces el auto. Al desaliento le seguirá **LA FURIA:** Como un rebote emocional, de pronto la adrenalina correrá por tu sangre y te levantarás con furia dispuesto a reclamarle a alguien, a vengarte o a luchar. Puedes gritar, insultar o golpear cosas, pero si logras pensar lo correcto: "Todo va a estar bien, la vida es una aventura y voy a tener algo interesante que platicar mañana", puedes llegar a la **REALIZACIÓN.***

Ninguna crisis es más fuerte que tú

Calmarte, disfrutar el proceso y poner manos a la obra con inteligencia.

La realización diaria es *iniciativa*. Iniciar las cosas con entusiasmo sin que nadie nos lo pida. Hacer más de lo que dice el contrato. Ayudar a compañeros, enseñarles, adelantar labores que no nos corresponden con la vista fija en el ser (no en el tener) y en el hacer (no en el lograr). Seamos personas de realizaciones diarias.

Se escuchó el ruido de un motor que se acercaba a la casa.

Amaia se puso de pie de un salto. Corrió hacia afuera. La seguimos.

Chava acababa de llegar montado en su cuatrimoto. Parecía feliz. Sonriente.

—¿Dónde andabas? —lo regañó su hermana—. Llamé a la tienda y me dijeron que no habías ido por ahí.

—Se le acabó la gasolina a esta cosa. —Señaló al vehículo con desprecio—. Tuve que caminar a la gasolinería para pedir ayuda. Ni siquiera traía mucho dinero. Pero ya regresé.

—¿Estás bien?

—Yo sí. ¿Y la yegua?, ¿mejoró?

— Sí. No sé.

—Voy a verla.

Chava bajó de la moto y emprendió rumbo a las caballerizas, pero a los pocos metros, puso un pie delante del otro en forma torpe y se fue de bruces al suelo. Su hermana le dio alcance, lo tomó de la cabeza con ambas manos y lo obligó a mirarla.

—¡Estás borracho! —Descubrió—. ¿Dónde tomaste alcohol? ¡Dijiste que no lo harías de nuevo!

—¡La borracha eres tú! Yo estoy bien —se puso de pie—. ¿Qué te pasa? No me levantes falsos. Solo me tropecé.

—Hueles a alcohol rancio. ¿Qué tomaste?

—Ya párale, hermana neurótica.

El joven fue directo a la casa. Su hermana lo siguió dando grandes zancadas.

Mauro y yo caminamos detrás en una comparsa que, lejos de ayudar, parecía más bien intrusa.

Chava se había encerrado en el baño de visitas. Amaia se paró detrás de la puerta y tocó con fuerza. No le importó que desde arriba su padre pudiera incomodarse.

—¡A mí no me engañas, Chava! Ya habíamos hablado de esto. ¡Necesitas hacer algo bueno de tu vida, ya! Tienes casi dieciocho años y no has terminado la secundaria. A tu edad, muchos ya están iniciando la carrera con miras a estudiar una maestría. Algunos jóvenes ya trabajan o hacen negocios. Pero tú te la pasas en la calle, con amigos. ¡No puedes seguir desperdiciando tu vida!

—Lárgate. Déjame en paz —se escuchó una voz apagada.

Amaia puso las dos manos sobre la puerta del baño como una guerrera vencida que trata de tomar fuerzas.

Ni su novio, motivador histriónico y petulante, ni su padre sustituto por un día, nos animamos a decir una palabra.

27

DÍAS BUENOS Y MALOS

Lo más preciado que poseemos no es el dinero. Nuestro valor más grande no es nuestra casa, ni nuestro coche, ni siquiera nuestra familia. Lo más valioso que tenemos es el tiempo. Si dedicamos tiempo a un problema, podemos resolverlo. Con tiempo seremos capaces de recuperar una relación dañada, levantar un negocio, generar dinero, prestigio y amor; quien le dedica tiempo a su pareja puede arreglar cualquier problema con ella.

Para progresar necesitamos aprovechar el tiempo. Una persona que logra, en el mismo lapso, hacer más cosas que otra, se dice que es más productiva y progresista. Si nuestra vida es una sumatoria, una colección de lo que hemos hecho cada día, entonces será más grande aquel que pueda sumar días de mayor valor a su colección.

Todos tenemos dos tipos de días.

- LOS DÍAS BUENOS: en los que mantenemos altos niveles de energía, cuidamos las palabras que decimos y escuchamos, nos enfocamos en el presente, trabajamos sin perder de vista nuestras convicciones y nuestra visión, nos enfocamos en escalar las

cimas que nos trazamos al levantarnos, nos reno-
vamos sin perder nuestra esencia y nos realizamos.

- LOS DÍAS MALOS: En los que tenemos baja energía,
nos sentimos abrumados por ideas y emociones
autodestructivas, estamos preocupados y atemo-
rizados; nos percibimos culpables o avergonzados,
no logramos disfrutar el trabajo, ni alcanzamos ningún objetivo; terminamos agotados, sin haber hecho nada útil.

La diferencia en el progreso de las personas es muy simple. ¿Cuántos días BUENOS y cuántos MALOS hay en su
historial?

Toma el control de tu vida. Enfócate en tener DÍAS BUE-
NOS la mayor cantidad de días posibles.

Para que el día sea bueno, atiende tus asuntos. Lo importante para ti no le importa a otros. No le delegues a
alguien más que organice tus cosas o atienda lo tuyo. Si
eres madre, por ejemplo, puedes pagarle a una niñera
para que cuide a tu bebé; pero, por muy bien que le pa-
gues, la niñera jamás va a cuidar a ese bebé mejor de lo
que tú lo harías. Lo mismo sucede con los negocios, en
los estudios, o en cualquier otra rama de la vida que te
parezca importante. Aunque le pidas a otra persona que
cuide de tus intereses, nadie va a cuidarlos como tú. En
un día bueno, atiende lo que importa.

Haz lo que debes y despreocúpate por el resultado. Que
esta sea parte de tu definición a partir de hoy: *Soy una
persona esforzada y valiente, determinada y decidida,*

así que aprovecharé cada minuto del día y daré lo mejor de mí hasta agotarme.

¿Queremos descansar en la tarde y noche? Para descansar hay un requisito indispensable. ¡Para descansar necesitamos estar cansados!

Si eres creador de grandes días, entonces cánsate. Agótate. Cuando pongas la cabeza en la almohada, la misma almohada te va a susurrar al oído si hiciste un buen trabajo ese día o no, si llegaste hasta ella como debes llegar: agotado.

En el pasado te has consentido demasiado. Has optado por permanecer en la zona de comodidad, ¡pero la perla de este gran día se encuentra en la zona de incomodidad, en la zona de agotamiento!, ¡así que disponte a agotarte!

Por supuesto que agotarse es doloroso. Pero el dolor constructivo es otro de los grandes secretos de las personas que consiguen una vida extraordinaria. Los atletas de alto rendimiento saben esto muy bien: solo se gana una medalla de oro cuando se está dispuesto a pasar por el dolor. Incluso los entrenadores lo dicen con una frase clásica: "Si no duele, no funciona". *No pain no gain*.

Muchas actividades constructivas son incómodas. Ponerse en forma haciendo ejercicio y comiendo sanamente es incómodo. Dormirse temprano y levantarse temprano, con disciplina, también es incómodo. Someterse a tratamientos médicos o dentales es incómodo.

Ninguna crisis es más fuerte que tú

Sé fuerte y deja de pregonar tus achaques. Aprovecha el tiempo sin olvidar que la incomodidad es indispensable para crecer. Deja de dar excusas, y abandona esa infame costumbre de poner pretextos y lloriquear por la vida platicando tus problemas. Toma el control de tus días y haz de tu vida una gran vida.

Amaia permaneció recargada con ambas manos sobre la puerta del baño.

De repente, en el interior se escucharon arcadas guturales seguidas de chorros líquidos. Chava estaba vomitando.

Su hermana dio un paso atrás y volteó a vernos.

—Déjalo —le dijo Mauro—. Es bueno que saque todo.

Pero después del ruido estrepitoso de los espasmos, hubo un silencio incierto.

Ella volvió a acercarse a la puerta y tocó:

—¿Estás bien, Chava? Solo contesta que estás bien.

No hubo respuesta.

Corrió a la cocina para traer un picahielo y metió la punta en el agujero exterior de la chapa.

Abrió la puerta.

Chava estaba en el suelo. Convulsionándose.

28

En cuanto Amaia abrió la puerta nos golpeó un tufo a vómito penetrante. El joven estaba agitándose, con los ojos hacia arriba, batido en sus secreciones.

No supimos qué hacer.

Poco después dejó de moverse y se quedó tendido, como un fugitivo que ha sido ametrallado.

Amaia le palmeó la cara.

Chava dio una bocanada de aire y volvió en sí, abriendo mucho los ojos. Estaba consciente. Al parecer había tenido espasmos por causa de alguna combinación de sustancias en su cuerpo. Mauro desde afuera del baño, le preguntó con qué había combinado el alcohol, y comenzó a enlistar estimulantes.

Chava no quiso decir qué había tomado, hasta que su hermana lo amenazó con llamar a la división antidrogas. Entonces susurró:

—Solo fue ginebra con Red Bull.

—¿Pero en qué cantidades? —insistió Amaia—. ¿Y por qué mezclarías una bebida depresora con una estimulante?

—Lo hizo para que no se le notara la borrachera —dijo Mauro con soniquete de experto; y anunció—: Voy a llamarle a mis contactos de Doble A para pedirles ayuda. ¡Yo voy a arreglar esto! —sacó su celular y marcó haciendo aspavientos—. Aquí no hay buena señal. —Se salió de la casa para hablar.

Amaia y yo nos quedamos en el baño frente al muchacho vomitado.

—Déjalo conmigo —le dije—. Voy a ayudarlo a bañarse. Tú solo tráeme ropa limpia por favor.

—Vamos a su recámara. Allá hay otro baño con regadera.

Entre los dos llevamos a Chava a rastras. Mientras me ocupé de desvestirlo y acompañarlo a la regadera, Amaia se dedicó a lavar el baño de visitas; después, también ella subió al segundo piso para darse una ducha.

Chava se fue recuperando poco a poco bajo la cascada restauradora de agua tibia. Mientras tanto, aproveché para asearme en el lavabo.

Nunca imaginé que esa mañana sucederían tantas cosas visitando a mi amigo Salvador, con quien, por cierto, casi no había podido platicar.

Chava terminó de bañarse. Le pasé una toalla.

—Te espero afuera —le dije.

Me senté en una silla junto a la cama.

A los pocos minutos salió.

—Estoy agotado. —Se dejó caer de espaldas en el colchón.

Todavía tenía en su cuerpo los efectos contrapuestos de las sustancias depresoras y estimulantes, pero haber vomitado tan profusamente le había regresado el discernimiento.

—Chava —le dije con voz fraternal— en la mañana te platiqué que había venido a traerle a tu hermana un cuadernillo de apuntes.

—Sí. Y también me dijiste que habías venido a ver a mi papá. ¿Pudiste verlo?

—En eso tenías razón. Él no quiere recibir visitas.

—¿Qué hay con el cuadernillo?

—Te decía que es una metodología de enfoque para crear grandes días. —Mi explicación era cuidadosa, pero sobre todo amistosa; de verdad no deseaba molestarlo; solo ayudarlo; lo percibió—. Ahora que te vi sufriendo convulsiones por la combinación de sustancias que tomaste, se me vino a la mente que has pasado por situaciones muy dolorosas en tu vida, pero que seguramente eres más inteligente y capaz de lo que otros creen. De lo que tú mismo crees.

Parpadeó repetidas veces. Se apretó los ojos con ambos puños.

—En el libro hay un poema que te va a gustar. El autor le dice al mundo[3]: "Nadie intente convencerme de que soy torpe, porque quiero volar como el nocturno peregrino y no mirar al suelo sino al cielo; a mí no me va a vencer la adversidad, ni los problemas, ni la gente negativa; y aunque la rama cruja cantaré como el pájaro que sabe que tiene alas; y si caigo al lodo, saldré ileso y me sacudiré, porque mi plumaje es de los que cruzan el pantano y no se manchan" —procuré que mi voz fuera

---

3 Salvador Díaz Mirón. A Gloria.

Ninguna crisis es más fuerte que tú

una caricia para su alma; de verdad deseaba que Chava supiera que podía él salir del hoyo en el que estaba.

—¿Cómo sabes que me gusta la poesía?

No lo sabía.

—Porque a la gente sensible le gusta. Le voy a decir a tu hermana que te preste el libro. Si puedes, léelo completo.

No intentes convencerme de torpeza
con los delirios de tu mente loca
mi razón es a la par luz y firmeza,
firmeza y luz como el cristal de roca.

Semejante al nocturno peregrino,
mi esperanza inmortal no mira el suelo;
no habiendo más que sombra en el camino,
solo contemplo el esplendor del cielo.

Fiando en el instinto, que me empuja,
desprecio los peligros que señalan.
«El ave canta aunque la rama cruja,
como que sabe lo que son sus alas».

Erguido bajo el golpe en la porfía,
me siento superior a la victoria.
Tengo fe en mí; la adversidad podría
quitarme el triunfo, pero no la gloria.

Carlos Cuauhtémoc Sánchez

¡Deja que me persigan los abyectos!

¡Quiero atraer la envidia, aunque me abrume!

La flor en que se posan lo insectos

es rica de matiz y de perfume!

Los claros timbres de que estoy ufano

han de salir de la calumnia ilesos.

Hay plumajes que cruzan el pantano

y no se manchan... ¡ Mi plumaje es de esos!

Anticipa la lucha que viene. Desde que el día comienza aligera la carga mental, prepara tu ánimo. Mantén arriba la energía. Entiende que tienes los recursos para salir de esta crisis. Y salir, además, fortalecido. Cuentas con todo lo necesario para luchar. Lo más importante, como decía Armando Valladares: "Tienes la tinta de la vida (tu propia sangre) y con ella escribes versos todavía".

Armando Valladares estuvo encarcelado por 22 años en Cuba sufriendo terribles vejaciones y torturas; fue preso político de Fidel Castro y, en el calabozo, despojado de todo, se cortó la mano con una astilla de madera para escribir con su sangre en la pared:

Me lo han quitado todo:

las plumas, los lápices, la tinta,

porque ellos no quieren que yo escriba,

Ninguna crisis es más fuerte que tú

y me han hundido en esta celda de castigo,
pero ni así ahogarán mi rebeldía.

Me lo han quitado todo —bueno, casi todo—
porque me queda la sonrisa,
el orgullo de sentirme un hombre libre
y en el alma un jardín de eternas florecitas.

Me lo han quitado todo; las plumas, los lápices,
pero me queda la tinta de la vida
—mi propia sangre—
y con ella escribo versos todavía.

29

Chava cerró los ojos para dormir un rato.

Amaia entró al cuarto de su hermano, sigilosamente, sin tocar. Tenía su cabello pelirrojo empapado después de bañarse. Se había puesto ropa más abrigadora.

—¿Qué crees, José Carlos? —me dijo—. Pude hablar con nuestro doctor de cabecera. Le platiqué el problema de Chava. Me dio los datos de un centro de desintoxicación buenísimo, el mejor del país. Dijo que él va a llamar para recomendarme. Y me indicó cómo hacer para que llevemos a mi hermano cuanto antes. Es un lugar garantizado. Solo que es caro. Pero no importa. Voy a conseguir los recursos a como dé lugar. Solo necesitamos que Chava acepte ir.

El joven, que parecía dormitar, abrió los párpados y protestó con voz pastosa:

—Yo no voy a ir a ningún centro de desintoxicación. No lo necesito.

Amaia y yo nos miramos. Ella le acarició la frente a su hermano.

—¿Cómo te sientes?

—Me duele mucho la cabeza.

—Hijo —le pregunté—, ¿tú sabes que el alcoholismo es una enfermedad?

Ninguna crisis es más fuerte que tú

—Sí.

—Es como la diabetes o el cáncer. El enfermo de cáncer no tiene la culpa de su enfermedad. Aunque algunos científicos dicen que toda enfermedad proviene de una mala gestión de pensamientos y emociones. De cualquier manera, el enfermo necesita tratamiento; no puede curarse solo. Tiene que ir al médico, o a un hospital. Lo mismo tú. No creas que tienes control sobre la bebida. Necesitas ayuda.

—Yo no quiero ir a un centro de desintoxicación. Me dijeron que en esos lugares solo te lavan el cerebro.

—Sí. Ya me lo habías comentado. ¿Cómo piensas que te lavan el cerebro?

—Te tienen encerrado; se la pasan dándote pláticas. No es como un hospital donde al enfermo le dan medicinas. Es como el retiro de una secta. Eso me han dicho.

Había que ser muy claros con él y hablarle con la verdad.

—Chava, tienes razón en esto: no hay medicinas para curar tu enfermedad. Solo hay formas de manejarla y controlarla. Y esas formas, en efecto, tienen que ver con estrategias mentales. Como en las películas de *Misión imposible*. Te dan una misión y tú debes ejecutarla paso a paso con tácticas bien pensadas. En un centro de ese tipo te capacitan, te enseñan esas tácticas.

—¿Como en *Misión imposible*?

—Exacto. Una misión es un plan de ejecución. Un plan concreto que se aplica con cuidado. La misión no solo sirve para salir de un problema o una enfermedad, sirve para hacer grande a una persona, a una empresa, a un país. Cuando se tiene una visión y una misión se tiene un plan de acción.

MISIÓN POSIBLE

La visión la hace el visionario, la misión el misionero. ¿El visionario quién es? Es el soñador. ¿El misionero quién es? El hacedor que viaja y trabaja para llevar a cabo la tarea que parece imposible.

En 1911 dos grandes expedicionarios compitieron por ser los primeros en llegar al Polo Sur. El noruego Amundsen, y el británico Scott.

Se sabe que el noruego lo planeó todo muy bien: se fue a vivir con esquimales para aprender. Trabajó, se entrenó en el Polo Norte, hizo trineos de perros, escogió un equipo de expertos esquiadores para que fueran con él y revisó cada detalle de la misión: los perros iban a jalar los trineos solo treinta kilómetros al día. Luego descansarían. Mandó a hacer depósitos de víveres que estarían esperándolos durante toda la ruta; gastó mucho dinero en tener el mejor equipo, la ropa correcta y la mejor gente posible.

Amundsen es el ejemplo perfecto del buen misionero. Antes de emprender un viaje organiza a conciencia los pormenores. Luego se embarca en la aventura sabiendo cada paso que dará.

Por otro lado, Scott, el británico, era un hombre fuerte, atlético, arrogante. Se reía de su competidor. Decidió lle-

var ponis, aduciendo que eran caballos fuertes, y trineos de motor (los primeros motores de combustión interna).

Al quinto día de viaje, los motores se descompusieron y tuvieron que abandonarlos. Sobrecargaron a los ponis que no son animales adaptados a ese clima y se estaban congelando. Diez días después tuvieron que sacrificarlos, uno a uno. Los hombres se vieron obligados a jalar los trineos. A varios de ellos se les gangrenaron los pies. No tenían alimento. No tenían agua. No llevaban ropa adecuada...

En 10 semanas recorrieron 1300 kilómetros para llegar al Polo Sur, pero cuando llegaron, ya estaba ahí la bandera de Noruega.

De regreso, todos los miembros del equipo de Scott se fueron muriendo. Uno por uno. Escribieron en sus diarios: "Morimos con valor, pero sin razón; todo por una misión mal ejecutada".

¡Por una MISIÓN mal ejecutada!

Ambos equipos tenían la misma gran visión: ser los primeros de la historia en llegar al Polo Sur. La visión era enorme, y era la misma para los dos. Pero la misión de cada equipo era diferente.

La misión consiste en el método paso a paso para lograr el sueño...

Un creador de grandes días debe redactar su misión. El emprendedor que dirige un negocio también debe hacerlo.

La misión es un párrafo. Con verbos en presente que declaran lo que HACEMOS TODOS LOS DÍAS para ser diferentes y extraordinarios.

La misión es un compromiso de acción. La visión es un sueño (define la mentalidad). La misión es un plan (define los actos diarios). Lo mismo se aplica a las empresas.

Ejemplos:

Misión de Microsoft: "Habilitamos a las personas y negocios de todo el mundo para que comprendan todo su potencial".

(Corta, fuerte, ambiciosa, y marca un camino... Aunque es un poco ambigua. Podría ser la misión de cualquier academia de superación).

Misión de Google: "Organizamos la información del mundo y la hacemos universalmente accesible y útil".

(Bien. Organizan la información del mundo).

Misión de McDonald's: "Nos enfocamos en entregar gran sabor, comida de alta calidad y proveer a nuestros clientes una experiencia que los haga sentir bienvenidos y valorados".

(Es una de las misiones mejor planteadas).

Facebook: "Damos a las personas el poder de compartir y hacer el mundo más abierto y conectado".

(Genial. Eso es lo que hacen).

Nike: "Damos inspiración e innovación a cada atleta en el mundo".

(Excelente para hacernos sentir deportistas).

Ninguna crisis es más fuerte que tú

Escuela mundial de liderazgo: "Todos los días tocamos a nuestros alumnos con enseñanzas, ejemplos y desafíos. Y siempre los dejamos mejor que como estaban".

La misión es el mapa. Es un GPS; si lo tienes, y estás convencido de ese mapa, entonces vas a poder seguirlo y tu equipo podrá unirse a ti con la confianza de que no van a morir en el camino.

Haz de tu equipo un gran equipo. Dale razones intelectuales, pero sobre todo emocionales para partirse la cara y luchar juntos por lograr esa gran misión posible.

Tú eres visionario y misionero también. Eres visionario porque imaginas. Eres misionero porque haces las cosas. Si el líder no tiene una visión correcta, y no ejecuta bien su misión día a día, puede llevar a todos a una tragedia.

30

Alguien tocó a la puerta de la habitación.

—Adelante —dijo Amaia.

Era Mauro. Había esperado el tiempo suficiente afuera de la casa para calcular que ya habríamos limpiado todo el desastre. Entró al cuarto dando pasos alegres, casi bailando.

—¿Cómo estás, campeón? ¡Ánimo! Tú eres un triunfador. —Los aspavientos enormes del *coach* certificado usurparon el ambiente de intimidad que habíamos conseguido—. ¡Ya hablé al directorio público de Alcohólicos Anónimos! ¡Ellos me van a recomendar un padrino que te va a llevar a un lugar donde te van a sacar ese monstruo que te está comiendo por dentro! ¡Pero primero tienes que ser humilde, reconocer y decir: "Soy alcohólico, no puedo con este vicio, necesito ayuda"! ¡Es el único requisito para que en ese grupo te den la mano! ¿Cómo ves? ¿Le entras, campeón?

Chava volteó a verme con decepción. Luego miró a Mauro y aseveró con inflexión enfadosa:

—Absolutamente no. No voy a ir con ningún padrino ni a ningún centro de desintoxicación.

Tal vez Mauro era una persona bien intencionada, tal vez incluso había conseguido quién ayudara (aunque me pareció raro que hubiese hablado al directorio público de la organización y no a un amigo de carne y hueso), pero las formas impostadas que usaba al hablar le quitaban a su mensaje toda credibilidad.

Y no era que sus ideas fueran malas o falsas. De hecho, decía casi siempre frases inteligentes y veraces (aprendidas de memoria como ocurre con los *coaches* declamadores de dinámicas idénticas). Ni siquiera tenía un problema de estilo que pudiera mejorar con un buen curso de oratoria. Era más bien que la sustancia de su persona no se reflejaba en las palabras que decía.

Me pregunté si Amaia se había dado cuenta de este defecto en el "director general y CEO de su empresa". Porque tal vez ahí estaba la razón por la que el Fénix no había podido despegar de las cenizas.

Me puse de pie.

—A ver. Tengo que decir algo —hablé con amabilidad, pero con mucha más firmeza—. Durante todo este tiempo he guardado silencio de lo que opino, porque entiendo que fui invitado como un amigo. Y porque nadie me ha pedido mi opinión. Yo solo venía a saludarlos y a dejarles un libro de conceptos para que lo leyeran después. Pero en este momento sí voy a hablar.

Amaia me miró con una ligera sonrisa, como si hubiese estado esperando ese momento; Mauro se hizo para atrás. Quise pedirle que se saliera, pero no fue necesario. Desde que lo conocí decidí callar como consultor profesional porque no quería parecerme a él; sin embargo, después de su triunfal entrada en la recámara de Chava entendí que, aunque usáramos palabras similares, éramos muy diferentes. Y no podía irme de ahí sin decir lo que tenía que decir.

—Cuando llegué a esta finca y conocí las esculturas, las caballerizas y a los nietos del artista que hizo esta construcción, también percibí algo malo. Había en el ambiente energía negativa, depresiva, que iba más allá de la tristeza; rayaba en el conformismo y la apatía. Fue notorio para mí, como es notorio para cualquier persona que llega a un lugar en donde hay un aroma extraño, percibir el olor, aunque los que viven ahí no lo noten porque ya se acostumbraron. Después comprobé que no me había equivocado porque observé el desaliento en los ojos de ustedes, Amaia, Chava, y, claro, su papá. En esta casa han perdido el enfoque de la vida: *competir diariamente contra ustedes mismos*. ¿Entiendes eso? La gente que ya se fue tendrá otro enfoque en el lugar en donde esté. Pero quienes nos quedamos no podemos desenfocarnos. Si dejan de competir contra ustedes, dejan de vivir. ¡Cincuenta por ciento de su carga genética es furiosamente competitiva! Quienes dejan de competir pierden la mitad de su esencia. ¿Por qué decimos que la mitad de nuestro ADN es competitiva? Porque la mitad de nuestro ser fue creada para ganar una carrera rabiosa y brutal contra otros trescientos millones de espermatozoides. ¡Somos competitivos por naturaleza! Por eso nos la pasamos inventando deportes, torneos, juegos, contiendas. Por eso queremos que nos den *like* a todo lo que publicamos, y contamos cuántos seguidores o suscriptores tenemos. Por eso, nos pasamos la vida tratando de tener más que el vecino o haciendo crecer más nuestros proyectos que los de otros. El problema de competir contra los demás es que podemos entrar en un bucle interminable de ansiedad del que jamás saldremos victoriosos. Pero si competir es tan importante para tener vida, y no es conveniente competir siempre contra otros, entonces, ¿dónde está la clave? Lo voy a repetir. Ese debe ser el enfoque de la vida: *Competir contra nosotros mismos*. Es lo que ustedes han perdido y es lo que les urge recuperar. Para tener plenitud necesitan enfrascarse en una competencia diaria con ustedes. Deben aprender a medir su posición y su avance cada día. Medir dónde están parados y a dónde van. Medir sus pasos. Medir sus logros. Alcanzar la meta del día anterior y superarla. Chava, Amaia, ustedes han dejado de competir contra ustedes mismos. Y no porque falleció su abuelo, su hermano mayor o su mamá. Sí. Ya sé que son demasiadas pérdidas. Pero lo que las hace espantosas es su mente. Lo que los postra y aniquila son los pensamientos de enojo, desconcierto y angustia que han dejado crecer en su cerebro como un todo. Por dedicarse a llorar, se han olvidado de soñar y de actuar. Por enfocarse en la nube negra de tristeza, han dejado de medirse y competir por ser mejores. La realidad es manejable. Véanse al espejo cada día, cara a cara y díganse: "Hoy debo avanzar más que ayer; esta semana voy a lograr más de lo que logré la semana pasada, este año creceré más de lo que crecí hace un año".

El joven, lejos de sentirse abrumado por la reprimenda, parecía haberse energizado. Se había sentado en la cama abrazando la almohada y mirándome como quien mira los toros desde el redil.

—Chava —proseguí acercándome a él y mirándolo de frente—, tú tienes una enfermedad que te irá matando poco a poco. ¡No puedes permitirlo! Tampoco creas que puedes solo contra ella. ¡Acepta la ayuda que te dan! Sí, en un centro de desintoxicación, te van a meter a una nueva rutina. Harás ejercicio, comerás bien, aprenderás a respirar, a meditar, a enfocarte en el presente, a competir contigo mismo para alcanzar la meta de estar sobrio cada día. Solo un día. Y al día siguiente, otro día. Y te van a sentar a escuchar pláticas y te van a enseñar a comprometerte con tus sueños. Si a eso le llamas lavarte el cerebro, sí, te lo van a lavar. Y buena falta que le hace. Amaia —volteé a verla—, ¡toma las riendas de tu vida y de tu negocio! Establece marcas, anota avances, usa un cronómetro, apunta los tiempos, como hacen las personas que se ejercitan para ponerse en forma. Acepta la adrenalina, tolera la incertidumbre y disfruta la pasión de hacer lo que parece imposible. Solo si ustedes dos, hermanos que se quieren tanto, vuelven a ser competitivos con ustedes mismos y van superando sus propios récords, se sentirán intrínsecamente satisfechos. Actúen con fuerza y decisión. Apóyense uno al otro. No se queden callados ni quietos ante un camino cerrado. Enfoquen e inviertan su tiempo para abrir ese camino; estudien, hablen, hagan reuniones, organicen juntas de trabajo; establezcan metas. Dejen de pensar en el maldito virus; pónganse un cubrebocas y salgan a la calle a hacer que sucedan cosas grandes. No usen la pandemia ni sus pérdidas como excusa para encerrarse en la casa, acostarse y darse gusto con la televisión, la comida o el alcohol —hice una pausa; observé que

Ninguna crisis es más fuerte que tú

los dos hermanos tenían los ojos muy abiertos y asentían—. ¿De acuerdo?

Tardaron en contestar, pero en el rostro de ambos se notaba energía. Alegría. Mauro aprovechó el silencio para dar un salto al frente y decir:

—¿Están de acuerdo, campeones? ¡Díganlo en voz alta! —Cerró un puño, lo bajó a la altura del hombro y volvió a levantarlo hasta lo más alto—. Digan: "¡Estoy de acuerdo!". —Se llevó una mano al oído haciendo el ademán de querer escuchar—. ¡No los oigo! —Y volvió a levantar el brazo—. Digan: "¡Estoy de acuerdo!".

Amaia y Chava soltaron una sonora carcajada.

31

RUTINAS DE COMPETITIVIDAD

Para alcanzar plenitud debemos controlar la atención. En estos tiempos en los que vivimos conectados a dispositivos electrónicos, las personas en general, incluyendo niños, hemos desarrollado un dañino déficit de atención. Nuestra mente brinca de una aplicación a otra, de un video a otro, de una red social a otra. Lejos de convertirnos en gente más eficaz, nos hemos vuelto perezosos para pensar, ineficientes para resolver problemas, inútiles para lograr metas y desidiosos para terminar lo que comenzamos.

Enfocar la atención es atributo de los genios. Y seguramente tú eres un genio oculto bajo un montón de distractores y tareas inútiles. Ha llegado el momento de enfocar la atención. Ya entendimos que el único espacio en donde tenemos injerencia es en el día presente. Ya sabemos que nuestra meta es convertir cada día en una joya, y que nuestro activo de mayor valor para invertir es el tiempo. Ahora, aprendamos rutinas de competitividad que nos permitirán lograr los mejores resultados en el día a día.

Ninguna crisis es más fuerte que tú

La primera rutina de competitividad será dormir bien.
Existe una corriente de pensamiento que desestima la importancia del sueño. Pero dormir poco y mal es un gravísimo error. Para ser competitivos no debemos robarle tiempo a la familia, ni al cuerpo, ni a la salud. Por el contrario. Se trata de hacer las cosas con tal eficiencia que nos dé tiempo para todo. Y para lo primero que debemos tener tiempo es para dormir bien. Solo en la noche, cuando dormimos profundamente se genera la hormona de crecimiento encargada de restaurar nuestras células. Sin esa hormona, los niños no crecen y los adultos podemos hasta enloquecer. Por eso, las horas más creativas y de mayor energía siempre serán en la mañana, después de dormir. A como dé lugar, debemos dormir siete u ocho horas diariamente; esta es nuestra primera rutina ganadora. Por ningún motivo le robemos tiempo al sueño. Si sabemos que tenemos que levantarnos temprano, no nos desvelemos, no veamos la televisión, apaguemos el celular.

La segunda rutina competitiva se llama *PACTAR EL DÍA*.
Después de dormir bien, lo primero que debes hacer al levantarte es un ejercicio de visualización. Breve, específico, profundo. Aunque todavía tengas un poco de sueño, ve a un lugar privado para visualizar lo que harás ese día. Si puedes, ponte de rodillas, cierra los ojos y conéctate con tu Fuente de Amor que te permite tener vida esa mañana. Comienza siempre el día agradeciendo la oportunidad de ser y tener. En vez de "pedir" (como todo el mundo hace cuando se pone en actitud de fe), "ofrece". Conéctate con esa parte profunda de ti, donde se en-

cuentra tu Fuente de Amor, y pacta el día: "Hoy ofrezco de todo corazón hacer y decir… (repasa en tu mente las acciones que planeas para ese día), como un pacto de honor en agradecimiento al privilegio que se me ha dado de poder hacer y decir". Eso se llama PACTAR EL DÍA. Son unos minutos de meditación a solas, en secreto, visualizando y decretando por qué ese día será un gran día. Un *día pactado* casi nunca sale mal.

La tercera rutina competitiva es hacer ejercicio físico. Nuestro cuerpo y mente necesitan adquirir la oxigenación y el ritmo adecuado para iniciar el día en un modo de alta productividad. Es fundamental, si queremos que nuestro día sea extraordinario, que hagamos ejercicio por la mañana. No tiene que ser demasiado. De hecho, no debe ser demasiado. Solo veinte a treinta minutos como máximo. Pero eso sí, debe ser intenso. Ni siquiera tenemos que acudir al gimnasio, solo hay que ponerse los zapatos deportivos, ir al jardín, a la azotea, o al cuarto donde tenemos la caminadora fija. Podemos usar una aplicación del celular que nos guíe. Hagamos ejercicio cardiovascular o pesas. El propósito principal del ejercicio de la mañana es activar nuestro cuerpo y mente hasta llevarlos a un ritmo de alta productividad. Ese es el objetivo. Sin embargo, en esta tercera rutina ganadora, lograremos un beneficio colateral: Ponernos en forma y estar más saludables.

El director general del área de Covid en el Hospital Inglés decía en una entrevista:

—Las personas con mejor condición física, peso adecuado y buenas condiciones cardiovasculares son las que

tienen siempre un mejor pronóstico y mayores posibilidades de sobrevivir si las cosas se complican.

El entrevistador inquirió diciendo:

—¿Y qué pasa si yo no soy de los que suelen hacer ejercicio y cuidarse? ¿Tiene caso que en este momento empiece o ya es demasiado tarde?

El doctor sonrió y contestó:

—No sabemos si seremos víctimas de este virus o de otro dentro de una semana o dentro de tres meses; y una persona que se dedica diariamente a ejercitarse y a comer sano puede estar en forma en seis semanas. Así que no. Para empezar a ejercitarse y a cuidarse nunca es demasiado tarde.

La cuarta rutina competitiva es bañarnos. Con agua tibia, casi fría. La temperatura del agua es importante porque el agua caliente deprime nuestro sistema nervioso, nos adormece y lentifica. Un baño caliente es ideal si lo que planeamos es dormirnos, pero si lo que queremos es trabajar, entonces procuremos bañarnos con el agua más fría que aguantemos. Después desayunemos bien y comencemos.

Una alumna de bachillerato especialmente bella, de buena familia, llegaba a la escuela envuelta en una cobija de lana. El prefecto la instaba a dejar la cobija en la entrada de la escuela, pero ella se negaba y se mantenía amodorrada la mayor parte del día. A veces se dormía en el salón. A pesar de ser inteligente, era una pésima alumna. Reprobaba las materias.

¿Has pasado un día en pijama, en pantuflas, sin bañarte? ¿Los domingos, por ejemplo, te levantas tarde y enciendes el televisor para seguir acostado?

Estar en modo de ahorro es *ser improductivo*. Pero no puedes permitírtelo. Ni siquiera los domingos. Duerme bien. Levántate temprano, pacta el día, haz ejercicio, báñate con agua tibia casi fría. Desayuna bien y comienza a construir la obra de arte de ese día.

Para tener plenitud de vida enfócate y sé constante: Practica todos los días rutinas competitivas y verás los resultados.

Chava bajó los pies de la cama y se sentó.

Me dijo:

—José Carlos, tienes razón en que en esta casa ha habido un clima de derrota, pero sabes de dónde viene, ¿verdad?

—Sí.

Era evidente. En el cuarto de arriba había un hombre estancado en la segunda etapa del proceso de duelo. Y daba la casualidad de que ese hombre era el líder y la autoridad ahí.

—¿Tú te atreverías —preguntó Chava— a subir al cuarto de mi papá para decirle a él todo lo que nos acabas de decir a nosotros?

Asentí.

—Por supuesto.

32

Antes de subir a la habitación de Salvador fuimos a la cocina.

Había sido un día intenso en el que ninguno probamos alimento.

Hicimos un equipo de improvisación. Mientras Amaia preparaba unas quesadillas en la estufa, Mauro hizo una jarra de limonada, Chava sacó unas galletas Marías de la despensa y yo recuperé (y calenté) la jarra de café que habíamos dejado en la sala. El fuego de la chimenea se había extinguido por completo. Solo quedaban pequeños rescoldos de leña consumida.

Comimos de pie junto a la barra de la cocina e intercambiamos opiniones respecto a la forma en que abordaríamos al líder de la casa. Para no ser rechazados, subiríamos con la excusa de llevarle a Salvador algún obsequio. Además de comida, quizá un postre inusual. Amaia hizo maravillas uniendo las galletas Marías de Chava con budín de chocolate. También sugirió que yo le llevara como regalo el libro del CLUB "CREADORES DE DÍAS GRANDIOSOS", que hice para ella.

—En cualquier momento lo recuperaré para fotocopiarlo —acotó.

—Yo te envío el PDF —prometí.

Subimos la escalera en fila. Amaia entró primero. No hallamos, como esperaba, a un hombre dormido debajo de las cobijas con la luz apagada. Salvador estaba inclinado en su escritorio con los lentes de lectura puestos, leyendo y subrayando un libro. Entramos a su habitación y nos colocamos alrededor. Amaia puso la charola de comida con el postre extravagante sobre su escritorio.

—Papito —dijo su hija—, te trajimos esto. Debes tener hambre. También José Carlos vino a despedirse, porque ya se va.

—Bueno, en realidad vine a saludarte, porque hace rato ni siquiera pudimos conversar. Y te traje esto —le proporcioné el engargolado dándole mayor importancia—, es el último libro que escribí. Todavía no está publicado.

—Gracias —lo tomó y lo dejó a un lado sin mirarlo.

Mi amigo no parecía enfadado por recibir tantas visitas. En su rostro había un gesto ostensible de contrición, como cuando un niño se cae del columpio y se queda tirado esperando que alguien corra a consolarlo. Miró a su hijo y comentó:

—Qué bueno que regresaste, Chava. Tu hermana estaba preocupada —y agregó como colofón obligado, aunque dudoso—: Yo también.

De forma discreta, pero evidente, los hijos de Salvador voltearon a verme pidiéndome que iniciara algún tipo de disertación.

Mauro se dio cuenta y quiso ganar la primicia de ser protagonista.

—Don Salvador, estuvimos platicando, y llegamos a la conclusión de que en esta familia conviene tener mejor actitud. Entendemos que han pasado momentos difíciles, pero nada que no se pueda superar. Porque usted es un campeón y sus hijos también son unos campeones.

Aunque Amaia tomó a su novio del brazo para que guardara silencio, Salvador no pareció molestarse con la arenga del *coach*.

—Gracias —dijo despacio—. Sé que les preocupo. Pero estoy procesando las cosas a mi modo y a mi ritmo.

—Entendemos, papá —dijo Amaia cariñosa—, el problema es que es un ritmo demasiado lento para nosotros. Mi abuelo murió hace tres meses; y, sí, creemos que ya es tiempo de comenzar a caminar hacia delante.

Asintió. Había abierto sus murallas y parecía con intenciones de salir de la trinchera.

—¿Caminar hacia dónde? Yo no tengo empleo. Me corrieron del trabajo. A mi edad nadie me va a contratar. Claro que he estado planeando —hojeó un cuaderno que tenía sobre la mesa y nos mostró las hojas escritas y rayadas—. Pienso que puedo dar clases, tal vez. También he estado pensando en poner un restaurante. Ya saben que una de mis aficiones siempre ha sido la cocina. Pero como le dije a José Carlos hace rato: es imposible cocinar si la cocina está vacía, no hay insumos y la estufa está descompuesta.

Amaia tomó gentilmente la libreta de su padre y la revisó.

—No sabía que estabas haciendo esto. ¡Has escrito mucho!

Salvador le indicó que pasara las hojas hasta llegar a una página completamente llena. Le dijo:

—Léela en voz alta. Tal vez así me entiendan.

Una persona como yo, de 55 años, que siempre ha vivido en México, sabe de crisis. Desde niño recuerdo esa palabra como parte del vocabulario normal. "¡Estamos en un año crítico!". "Esta es la peor crisis que hemos tenido". "¿Cuándo saldremos de la crisis?".

La crisis no ha sido una excepción sino una regla en mi vida. Algo cotidiano. Pero el año 2020 sobrepasó lo cotidiano. Jamás imaginé que alguien que se ha curtido en adversidades podría llegar a quebrarse en algún momento, tal como yo ahora.

Mi padre acaba de fallecer. Era un artista plástico excepcional. Tuvo una larga agonía. Casi dos meses en terapia intensiva. Yo lo contagié.

Él no salía de casa. Como pintor y escultor podía trabajar sin necesidad de exponerse. Desde el inicio de la pandemia se enclaustró. Pero yo iba y venía a mis asuntos sin mayores precauciones.

Aunque fue él quien murió por falta de aire, todos los días siento que me asfixia la culpa secreta de haber sido yo quien trajo el virus a la casa. Fui de los ignorantes que en algunos momentos llegamos a creer y a jugar con la idea de que el virus no existía y de que era un invento de los poderosos para lograr propósitos oscuros de enriquecimiento. En vez de aceptar las circunstancias y buscar la forma de ser productivo desde casa, estuve saliendo todos los días, sin necesidad, a la universidad, a pesar de que estaba cerrada; a pesar de que el gobierno nos había puesto una restricción para operar.

Tengo treinta años construyendo mi carrera académica. Llegué a ser director pagando mi ascenso con sangre. Los dueños de la universidad me pidieron que despidiera al treinta por ciento de los empleados. Y lo hice. Gente a la que yo apreciaba. Muchos de ellos no tenían ahorros. Varias madres solteras que mantienen a sus hijos. Hombres con familias grandes. No solo no pude ayudarlos, sino que les di la espalda. Lo paradójico e increíble es que al final me corrieron a mí también.

Y ahora, de pronto, ya nada tiene sentido. Porque hace siete años perdí a mi esposa y a mi hijo mayor a causa del trabajo que finalmente perdí. ¡Me absorbía tanto que no estuve ahí cuando ellos me necesitaron! ¡Y los perdí! Ahora soy desempleado y ya ni tengo a mi amado padre.

Cuando empezó con síntomas, todos en casa nos hicimos la prueba. Salimos positivos. Igual que él. Mientras mis hijos y yo fuimos completamente asintomáticos, él sufrió los peores estragos.

Este es un virus extraño. Selectivo. Fue mi huésped y no sufrí la menor incomodidad. Mi padre lo tuvo y eso lo mató.

Siento un dolor en el pecho al escribir. No quiero atormentarme recordando el proceso. Lo he revivido en mi mente infinidad de veces: síntomas leves. Dolor de garganta. Cabeza. Fiebre. Tos. Pulmones invadidos. Neumonía. Oxigenación anormal. Asfixia. Claustrofobia. Retírense. No pueden pasar. Desesperación. Ahogamiento. Terapia intensiva. Intubación. Recen. Solo esperar.

El tubo que le insertan a los pacientes por la boca les impide hablar, tragar saliva, y respirar a su propia cadencia de manera voluntaria. Por eso los duermen. Mi padre estuvo unos minutos consciente cuando lo intubaron, y lo vi a lo lejos. Sus ojos se le salían de las órbitas, él estaba enloquecido de desesperación. No puedo olvidar su mirada que pedía a gritos ayuda. Estuvo nueve días en esas circunstancias, luego recuperó su capacidad respiratoria básica y lo despertaron para quitarle el tubo. Los enfermeros y médicos aseguraban que, a pesar de la situación, sonreía y mantenía un buen humor inexplicable. Cinco días después, cuando todo parecía haber mejorado, el virus, agazapado en su organismo, silencioso y traidor, arremetió de nuevo, esta vez con más intensidad. A pesar de todos los esfuerzos médicos, mi padre ya no se recuperó. Dos días después tuvo un fallo respiratorio total. Ni sus nietos ni yo pudimos despedirnos de él.

Desde entonces estoy encerrado.

Asintomático.

Pero me faltan las fuerzas.

No tengo energía para vivir.

Aunque obviamente a estas alturas yo ya no tengo el virus activo ni soy contagioso, me he habituado tanto a esta soledad depresiva que no me permite levantarme.

Percibo la tristeza como una carga pesada, casi material. En mi mente solo priva una idea insistente y clara. Quiero morirme. Hoy. Ahora.

Apenas me queda energía para escribir esto.

Sé que pronto encontraré la forma de terminar con mi agonía de una maldita vez.

Ninguna crisis es más fuerte que tú

33

Amaia tuvo que interrumpir la lectura en varias ocasiones para controlar el quebranto de su voz.

Chava se acercó a su padre y lo abrazó. Amaia hizo lo mismo.

Formaron un grupo de tres, enlazados, como se enlazan los jugadores de un equipo ganador. Así permanecieron por largo rato.

Mauro y yo nos sentimos como intrusos. Esa familia tenía mucho que sanar, planear y consumar. Lo más importante es que los tres estaban juntos de nuevo.

ALIANZAS

Hay muchas razones para vivir en familia. La primera y más importante es trabajar en equipo: cuando uno tiene retos, los otros lo apoyan; cuando alguien está en problemas, los demás se reúnen a su lado para ayudarlo a pensar de forma creativa y positiva; cuando uno celebra, todos celebran; y si alguien se cae, los demás no lo juzgan ni le hacen juicio. Lo escuchan y le dan la mano.

La alianza de personas distintas es poderosa. Nuestro equipo es grande y fuerte si los integrantes tenemos buena actitud y distintos talentos. Juntos podemos suplir las carencias de uno y potenciar las fortalezas de otro. Las familias y los equipos desunidos no tendrán la energía necesaria para hacer cosas grandes. Los integrantes de un grupo se suman o restan energía. Por eso hay equipos y familias fuertes, o débiles.

Para hacer un gran día trabajemos en equipo. Tal vez hemos sido demasiado perfeccionistas o exigentes con los demás, y no hemos reaccionado amablemente cuando se equivocan; tal vez nos gusta llevar la carga sobre nuestros hombros porque no confiamos en otros y al final, nos quedamos solos.

Si queremos crecer cada día, dejemos de ser Superman. O Superwoman; sumemos nuestros conocimientos y talentos con los de quienes nos rodean. El éxito de los grandes hombres de la historia estriba en que todos ellos lograron alianzas con personas leales.

Los genios de la humanidad no hicieron las cosas solos. Casi ningún prócer hubiera logrado lo que logró sin su equipo de trabajo. El concepto de "líder solitario que cambia al mundo" es mentira. No existe el héroe que se levanta sobre las multitudes y sobresale por sus cualidades sorprendentes y excepcionales. Aunque así nos lo enseñaron en la escuela. Nos dijeron que Thomas Alva Edison fue un genio que inventó el foco, el fonógrafo, la grabadora, el proyector de cine y otros cincuenta artefactos más; pero es mentira: analizando la biografía de

Edison sabemos que nunca trabajó solo; tuvo un equipo muy sólido que le ayudaba en todo, que, de hecho, hacía las cosas para él. En la escuela nos enseñaron nombres de grandes figuras. Nos dijeron que Henry Ford inventó los automóviles, que Steve Jobs y Bill Gates inventaron las computadoras personales, que Napoleón conquistó Europa, que Gandhi logró la independencia de la India con métodos no violentos, que la Madre Teresa fundó varias órdenes religiosas de caridad, que Cristóbal Colón descubrió América, y así podríamos seguir con una lista interminable de personajes solitarios que movieron el rumbo de la humanidad ¡Pero no es verdad! No lo hicieron solos.

Las cualidades de las personas que hacen historia son: Primero, la creatividad genial, y, segundo, la capacidad para trabajar en equipo. Este principio se aplica a las empresas y las familias; a las parejas y las amistades. Dejemos de ser lobos solitarios y usemos la fuerza de apoyarnos. Si hacemos eso, multiplicaremos de forma infinita la grandeza de nuestros días.

El abrazo de Amaia sobre su hermano y su padre fue sincero, pero breve. Chava en cambio permaneció mucho más tiempo abrazando a su papá con los ojos cerrados, como si quisiese que ninguno de los presentes lo distrajera de demostrarle a su padre la forma como lo amaba y necesitaba.

Su demostración de afecto me conmovió. También a Mauro, que se atrevió a decir:

—Algo así es lo que siempre he querido.

Amaia volteó a verlo con ojos penetrantes, tratando de descifrar lo que podía haber oculto detrás de su comentario. Era claro. Mauro añoraba que su hijo algún día lo abrazara de esa forma.

Chava se separó de su padre. Su hermana lo felicitó:

—No sabía que escribías tan bonito, papá. Nunca te había leído. ¿Tienes más escritos?

—Algunos —me echó un vistazo—. Hace muchos años un amigo me enseñó que vale la pena registrar todas las cosas importantes. Tengo algunas libretas, seis o siete, nada más. Solo las uso en momentos muy duros o especiales. Supongo que José Carlos tendrá más libretas.

—No menos de cien —contesté agradecido por la ventana que mi amigo estaba abriendo para reconciliarnos con el pasado—. Cuando fuimos estudiantes yo siempre le presumí mi diario a Salvador, y lo urgí a que llevara uno. Él siempre se reía de mí. Decía que un diario era cosa de niñas. Y yo le sugería que lo hiciera en secreto. Y entonces, él se reía mucho más de mí. Me decía que mis libretas...

Me quitó la palabra:

—Se harían famosas cuando salieras del clóset —completó.

Reímos.

—Ese es mi papá.

—Fuera de broma. Y solo como dato. Gracias a esas libretas donde escribía todos los días fui adquiriendo la práctica para escribir novelas después, pero también dejé plasmados momentos y desahogos que me ayudaron a comunicarme con Sheccid, y, años después, con la mujer que sería mi esposa.

Salvador me miró de reojo y yo lo miré con la complicidad de dos viejos amigos. Quise decirle con palabras que entre Ariadne y yo nunca hubo más que un cariño amistoso. Sublime quizá, pero no corporal.

—También te oí decir alguna vez —comentó Amaia— que esas libretas han sido la fuente para escribir tus libros.

—Sí. Yo siempre le digo a mis clientes de consulta: "Lleva una libreta que se vuelva tu registro de logros y crecimiento coleccionable". Si das clases, colecciona analogías para enseñarle a tus alumnos. Si eres conferencista colecciona ilustraciones para tus charlas. Si eres... lo que seas, ¡escribe por qué valió la pena ese día! Que tu siembra de hoy quede registrada para que puedas recoger con mayor facilidad la cosecha de mañana.

—Eso me encanta —dijo Mauro—, la ley de la siembra y la cosecha. Ustedes están sembrando algo muy hermoso aquí hoy, campeones. ¡Es la semilla de una nueva etapa triunfadora! Solo cuídenla y pónganle agua para que germine y puedan cosechar el amor que se ha lastimado por tantos problemas. Ustedes son campeones y pueden recuperar su familia —si ahí hubiese terminado su glosa triunfalista no hubiera pasado nada, pero luego se le ocurrió agregar—: como lo estoy haciendo yo.

Amaia esta vez no dejó pasar por alto la revelación.

—¿Qué dijiste? —sus ojos se habían inyectado de sangre y le temblaba la voz—. Hace rato comentaste que siempre has anhelado que tu hijo te abrace como mi hermano abrazó mi papá, y ahora dices que debemos sembrar semillas de amor para recuperar a nuestra familia *como lo estás haciendo tú*. ¿Puedes explicar eso?

Mauro arqueó las cejas y tragó saliva.

—Siempre malinterpretas las cosas.

—No lo creo. Así que habla claro de una vez.

34

Mauro se ruborizó de tal forma que el maquillaje bajo sus ojos se hizo mucho más notorio.

Un individuo siente culpa cuando sabe que hizo algo mal. Pero siente vergüenza cuando sabe que él está mal. El sonrojo excesivo del hombre evidenció más vergüenza que culpa.

—¿Qué está pasando? —preguntó Salvador.

Amaia ignoró a su padre y volvió a confrontar a su novio:

—Dime la verdad, Mauro. ¿Estás sembrando "semillas de amor", como dices, con tu exesposa para recuperar a tu familia?

—No creo que pueda recuperarla.

Me di cuenta de que Salvador desconocía por completo que el novio de su hija tenía otra familia (Mauro le había exigido mantener el secreto), pero yo había pasado todo el día ofuscado por la doble cara del metrosexual, y me sentía con derechos (como padre suplente de Amaia ese día), de defenderla.

Apunté otra vez en la oscuridad sobre un blanco plausible:

—Mauro, sé honesto. Amaia lo merece. Aquí estás, en este cuarto, frente a toda la red de apoyo que ella tiene. Dijiste que tu exesposa Valeria te fue infiel y se llevó a tu hijo al extranjero. Y que no has vuelto a verlo. Pero todo eso es mentira —mi acusación fue directa; no le estaba preguntando—. ¡Porque sí has visto a tu hijo! Esas fotos que nos enseñaste hace unas horas, no todas son internet. Algunas, las sacaste tú mismo. Con tu celular. Yo las vi personalmente. Oprimí el menú de información. Las fotos tienen fecha reciente y ubicación cercana. Tú y Valeria se están viendo de nuevo. De hecho, nunca has dejado de verla, me lo dijiste cuando te pregunté en qué trabajabas: "Me va bien, vivo en un departamento moderno y lujoso". Cuando Valeria se fue, tú no te mudaste. Todavía vives en su departamento.

Era casi evidente lo que iba a suceder. Como en una novela predecible: el hombre se ofendería y gritaría con histrionismo dramático. Diría que él era un *coach* certificado, CEO y director general de una empresa que le enseña a la gente a ser campeona, y que decir mentiras no es algo que él haría.

No fue así. Tampoco tuvo la agilidad mental de urdir una coartada. Para mi sorpresa, y la de los demás, comenzó a mirar hacia todos lados y a hiperventilar con profundas inhalaciones, como si le faltara el aire.

—Estás loco —alcanzó a balbucear.

Recordé que esa mañana le pregunté a Amaia si amaba a su novio, y ella reconoció que no; solo estaba con él porque dirigía su empresa. Si se había sentido prisionera de ese verdugo, era tiempo de liberarla.

Ninguna crisis es más fuerte que tú

—¿Estoy loco, Mauro? —respondí alzando la voz—. Vamos a analizar algunas cosas juntos. En privado, con Amaia te la pasas hablando mal de todo (y todo es todo); le pones objeciones para cualquier cosa que ella hace, le dices que su vida es un desastre, que tiene mala estrella y que la desgracia la persigue. La maltratas, la amenazas y le cuelgas el teléfono. Pero, eso sí, das cursos de positivismo, buscas discípulos a los que les dices "campeones", y les recitas mantras que aprendiste de memoria para sacarles dinero. Tu historia de alcoholismo es mentira. Inventaste el testimonio para tener credibilidad, pero un alcohólico recuperado jamás hubiera salido corriendo como lo hiciste tú hace rato cuando viste que Chava necesitaba ayuda, ni hubiese regresado con la noticia de que habló al directorio público para pedir que le recomendaran algún asesor. ¿Qué miembro activo de una organización de seguimiento personal habla al directorio? Dices que te divorciaste de tu esposa porque te fue infiel, pero la realidad fue al revés. Siempre has tenido curiosidad por tener otras mujeres. Eres agresivo, manipulador y celoso obsesivo. Le dijiste a Amaia que la única razón por la que ella me invitaba a su casa era porque quería seducirme. Crees que las mujeres te pueden traicionar porque es lo que tú haces siempre. Esa es la razón por la que Valeria te dejó. También porque se cansó de mantenerte. Claro, después encontraste a Amaia. Otra mujer próspera de la que te colgaste financieramente. Llegaste a intimidarla diciéndole que la empresa que ella puso con su capital era tuya solo porque hiciste el logotipo. Y ahora mantienes tu doble vida con absoluto descaro. Sales con

Amaia, y al mismo tiempo sales con Valeria y quién sabe con cuántas mujeres más.

Mauro se había achicado en el rincón del cuarto. Parecía haber perdido la conciencia. Cerraba los ojos y sacudía la cabeza como tratando de despertar de un mal sueño, solo para darse cuenta de que lo que estaba sucediendo era su vigilia.

Mi amigo Salvador se puso de pie. Había olvidado por completo la depresión.

—¿Todo eso es cierto? —preguntó.

Ante el silencio de Mauro, Amaia suplicó:

—Di algo. Defiéndete. Di que nada de eso es verdad.

Pero en realidad, ella ya no esperaba que Mauro se defendiera. El lenguaje corporal del sujeto era más explícito y elocuente que el mejor discurso.

Salvador se adelantó para tomarlo por la camisa. La adrenalina lo había ofuscado al grado de parecer dispuesto a liarse a golpes con el tipo que había engañado a su hija.

Amaia insistió, esta vez gritando:

—¡Mauro, di algo!

El *coach* certificado jadeaba con la boca abierta. Miró hacia la puerta calculando los pasos que tendría que dar para escapar.

A Amaia se le doblaron las rodillas; pegada a la pared fue descendiendo hasta quedar en cuclillas.

—Ya me voy —murmuró Mauro y quiso llegar a la salida.

Chava lo alcanzó; se le fue encima con un puñetazo.

Ninguna crisis es más fuerte que tú

—Hijo de tu… —Mauro esquivó el golpe y abrazó al joven para derribarlo.

Cayeron al suelo. Chava se debatió lanzando golpes al aire.

Los separamos.

—Tranquilícense —dijo Amaia, vuelta a poner de pie—, las cosas no se arreglan así.

Mauro se apartó resoplando, despeinado, con la camisa desfajada.

—Ya me voy —repitió.

Esta vez Salvador y yo lo detuvimos de sendos brazos.

—Dame las tarjetas de presentación apócrifas que mandaste a imprimir —le ordené.

Metió la mano al bolsillo trasero de su pantalón, temblando. Me entregó el tarjetero. Iba a devolvérselo vacío, pero me di cuenta de que tenía grabado el nombre de la empresa.

—Me voy a quedar con todo, en un acto simbólico —le dije—. Porque sé que tienes más tarjetas y anuncios en los que te ostentas como CEO de una empresa ajena. Pero saliendo de aquí vas a triturar esas tarjetas, y vas a retirar esos anuncios. Nunca más vas a volver a molestar a Amaia, ni vas a pararte por su negocio. Tienes mucha cola que te pisen. Y, si te atreves a pensar en algún tipo de venganza, Salvador y yo vamos a acabarte. ¿Me oíste?

—Ya me voy.

—¿Estás de acuerdo?

—Déjenme en paz.

—¡A ver, cabrón!, quise decir, campeón. Repite conmigo: "Estoy de acuerdo" —le grité acercando mucho mi cara a la suya—. ¡No te oigo! Repite: "¡Estoy de acuerdo!".

Pensé que se mearía en los pantalones.

—Estoy de acuerdo...

Lo soltamos. Salió tropezando y dando tumbos. Bajó corriendo las escaleras.

Todos nos quedamos temblando.

Escuchamos cómo trataba de abrir la puerta principal. Lo logró. Pero antes de salir arrojó al suelo la enorme lámpara de cristal soplado con forma de mujer que estaba en la entrada. El ruido estrepitoso del vidrio haciéndose añicos nos estremeció.

Bajamos las escaleras. Salimos de la casa dispuestos a perseguirlo y obligarlo a que pagara por los destrozos. No lo alcanzamos. Ya se había subido a su auto. Arrancó el motor. Dio varios acelerones mirándonos desde lejos. Luego embragó la reversa y aceleró a fondo. Se subió a la banqueta del jardín y condujo el coche a toda velocidad sobre el césped hasta hacerlo chocar con en el caballo de mármol rosa. La obra maestra del abuelo perdió la pata de apoyo y cayó al suelo partiéndose en dos.

Mauro arrancó de frente y escapó.

Ninguna crisis es más fuerte que tú

35

Amaia corrió a la escultura derribada. Aunque en todo ese día la vi pasar por diferentes momentos de quebranto, solo lloró una vez, haciendo la dinámica de despedida con su madre; era una chica fuerte. Esto, sin embargo, sobrepasaba cuanto era capaz de soportar.

Se tiró al suelo abrazando las frías piezas de mármol roto, sollozando abiertamente con intensidad. Tal vez sentía que su abuelo mismo (el hombre que rescató a su familia de la más lóbrega oscuridad después del accidente de su madre, con quien pasó muchas horas de cabalgatas pacíficas, quien la apoyó financieramente para poner su empresa, el hombre, en suma, a quien ella idolatraba) había sido agredido y afrentado de forma directa. ¡Ese caballo era su obra maestra, el símbolo de su espíritu indomable, la morada misma de su esencia!

Nos acercamos despacio. El llanto de la joven era tan dolorido que se me hizo un nudo en la garganta solo de escucharlo.

—¿Cómo pudo suceder esto?

En su protesta se reclamaba a ella misma por haberse dejado engañar, y por haber sido la causante, de forma indirecta (pero la causante), de que ese hombre arremetiera contra el legado de su abuelo.

—Esto no se va a quedar así —dijo Chava—. Vamos a ir a buscar a ese maldito. Lo vamos a meter a la cárcel. Lo vamos a obligar a pagar —volteó a vernos a Salvador y a mí—. ¿Verdad, papá? ¿Verdad, tío? Ustedes tienen el poder para acabar con él. Eso dijeron.

—Sí, Chava —dijo Salvador—, vamos a ir a buscarlo.

Me puse en cuclillas y analicé el daño. La escultura estaba rota en dos partes fundamentales. La pata base y el cuello. Le pregunté a Salvador:

—¿Esto se puede restaurar?

—No lo sé.

Amaia se levantó tratando de controlar sus sollozos y revisó las roturas de la piedra pasando sus yemas sobre los bordes.

—Sí se puede —guardó silencio y se esforzó por serenarse—. Pero debe hacerlo un experto. Nos va a costar una fortuna. Y de todas formas quedará la marca.

Salvador se agachó para acariciar a su hija por la espalda. Me sorprendió la forma en que una persona deprimida puede recuperar energía y vencer sus emociones negativas cuando se mueve a ayudar y servir a alguien a quien ama... eso se llama PODER LEGÍTIMO.

—Hija. Levántate —le dijo—. Mi papá tenía muchos amigos escultores que lo respetaban y admiraban. Alguno de ellos restaurará esta obra de arte con gusto. Seguro que no nos cobrará. Y respecto a la marca que pueda quedar en la escultura, tampoco te preocupes, hija —sonrió—, va a ser una cicatriz. En esta familia todos tenemos cicatrices; y el caballo es de la familia.

Esta vez sí reconocí a mi amigo. Así era él cuando fuimos estudiantes. Solía encontrar el lado gracioso a todas las cosas. También me sorprendió su analogía respecto a las cicatrices. Tenía toda la razón.

Las cicatrices son marcas de honor. Cuando alguien tiene una en el cuerpo es señal de que alguna vez sufrió fracturas, pasó por cirugías, percances o enfermedades, y sobrevivió. Tal vez Amaia y Chava tenían alguna cicatriz después del accidente, que, además les recordaba tanto a los seres queridos que se fueron, como el compromiso de hacer de cada día un día grandioso (en honor de esas personas y batallas).

—Es verdad —agregué—. Todos los guerreros tenemos cicatrices. En el cuerpo y en el alma. Y eso les hace ver a nuestros enemigos que no será fácil derribarnos. Muy pronto este caballo va a estar erguido de nuevo —concluí—, dando un mensaje de poder más grande que nunca.

Amaia, de rodillas junto al caballo roto, se talló los ojos y apretó los dientes como si algo dentro de ella se estuviese acomodando.

—Dios mío —murmuró—. Ya me di cuenta por qué siento tanto dolor en este momento —reflexionó y guardó silencio unos segundos como quien descubre un enigma—. Desde que mi abuelo se fue, siempre lo sentí con nosotros... —prosiguió—. Su presencia espiritual era evidente en esta finca... ¿Saben por qué? ¡Porque él estaba aquí! ¡En su obra cumbre! Para mí, él moraba en este caballo... Ya sé que es un disparate, pero esta escultura de mármol era como su casa. Y ahora que se ha roto, puedo sentir con claridad absoluta que él se está yendo —volvió a agacharse para poner ambas manos sobre el mármol frío, y el llanto regresó para colmar de lágrimas su rostro—... ¡Y no quiero que se vaya! —Amaia se quedó varios minutos postrada; después balbuceó con voz más baja como hablando con ella misma—. Abuelo. Siento que estás dejando el mundo material y que me estás pidiendo que te deje ir. ¡Y me duele mucho dejarte ir! ¡Te quiero mucho! Siempre fuiste mi guía, mi amigo, mi confidente... Gracias por esas cabalgatas en el bosque... gracias por haber ido a nuestra vieja casa y aporrear la puerta y abrir las cortinas y rescatarnos de la oscuridad... Gracias por traernos aquí.

Yo ignoraba que Amaia no había llorado la muerte de su abuelo.

Por fin lo hizo.

Después de un largo rato se puso de pie. Su papá la ayudó y la abrazó.

—Soy una ingenua y una tonta —se lamentó, ya calmada—. ¿Cómo me dejé engañar por Mauro? Cuando mi tío José Carlos le dijo todas sus verdades y él se quedó callado, yo no lo podía creer. —Me agradó que usara el mismo sustantivo familiar que usó su hermano para referirse a mí—. ¡Todavía estoy pasmada!

—Pero, aunque arreglemos el caballo —insistió Chava—, vamos a ir a buscarlo, ¿verdad José Carlos? ¿Tienes el dinero y las influencias que se necesitan para destruirlo? Me refiero ¿tienes el poder?

—No —contesté temiendo decepcionarlo—. No tengo ese tipo de poder.

—Oye, hermana... —Chava le preguntó alarmado—. ¿Mauro no tiene llaves de tus oficinas?

Ella se llevó las manos a la cabeza.

—¡Sí!

—Puede entrar y romper cosas, o robarse las computadoras. Ya vimos de lo que es capaz.

—Llama a la policía —dijo su padre—, para que vayan en este momento a custodiar tu empresa.

—Mejor que eso —Amaia buscó su celular; no lo traía; echó a correr de regreso a la casa para recuperarlo—. Tenemos un servicio de seguridad privada —dijo al alejarse—. Voy a dar aviso. Ellos pueden coordinar todo.

Chava la siguió.

36

PODER LEGÍTIMO

Hay un tipo de poder que proviene de atropellos. Las personas que se vuelven poderosas por actos de abuso también suelen cometer abuso de poder. Dicen que el poder corrompe y que el poder absoluto corrompe absolutamente. Dicen que los poderosos son déspotas y perversos porque se echaron a perder. El poder visto desde ese ángulo, no es una cualidad deseable.

Pero el poder es un atributo humano natural. En todas los grupos y relaciones humanas, hay alguien que tiene más poder de manera orgánica, y eso no siempre es malo ni está relacionado con abuso.

Esta es la definición justa y correcta de PODER: Ser poderoso es poder actuar, poder expresarse, poder resolver, poder hacer lo que anhelamos, poder abrirnos paso, poder progresar y ganar. Viéndolo así, tener este tipo de poder es bueno. Le llamaremos PODER LEGÍTIMO. Tú necesitas tener PODER LEGÍTIMO, porque si no lo tienes, simplemente "no puedes" lograr todo lo que te gustaría.

El **PODER LEGÍTIMO** se consigue en 3 pasos. PROXIMIDAD. SERVICIO. VALOR.

Ninguna crisis es más fuerte que tú

PROXIMIDAD. Este principio se refiere a la cercanía con otras personas, entendiendo que el individuo solitario es menos poderoso. Alguien de condición humilde, que goza del cariño y del apoyo de muchísimas personas, es más poderoso que alguien que logró dinero, pero que todos a su alrededor lo odian o le tienen rencor.

¿Quién tiene más poder? ¿Un león o un gatito? ¿Es más poderoso el rey de la selva, con sus rugidos, su melena, su andar fuerte y seguro, su mirada directa, intimidante, o un gatito, pequeño y frágil? ¿Quién tiene más poder?

La proximidad nos beneficia. Si estamos cerca de alguien que tiene dinero, influencias, sabiduría o conocidos nos hace copartícipes de todos los privilegios de los que esa persona goza. Pero incluso si nuestros allegados no son poderosos ¡también la proximidad con ellos nos da poder! Porque todos tenemos fuerzas, talentos, y recursos que sumados nos harán crecer.

¿Quién es más poderoso? ¿Un león o un gatito? Analicemos. El león lucha por sobrevivir; tiene que cuidarse de sus enemigos, vive aislado, buscando agua y alimento en la sabana. Todos le huyen. Está solo con sus fuerzas (que a veces menguan porque debe ser muy duro luchar todo el día y todos los días en soledad).

Por otro lado, un gatito vive con frecuencia en una casa caliente, durmiendo en una colcha mullida, rodeado de almohadas y juguetes con cascabeles. Al gatito le sirven de comer, le dan agua, lo acarician, lo protegen y sus dueños le resuelven todo.

Otra vez: ¿Quién es más poderoso? ¿Un león o un gatito?

Recuerda la definición: ser poderoso es poder actuar, poder expresarte, poder resolver, poder hacer lo que anhelas, poder abrirte paso, progresar y ganar. ¡Pues entonces un gatito es más poderoso! ¿Por qué razón? ¡Por su proximidad con la gente!

Para ser más poderosos seamos menos antisociales. La soberbia, la egolatría, el pensar solo en nosotros mismos y el negarnos a hacer alianzas, nos debilita.

SIETE PALABRAS MÁGICAS QUE DAN PODER

Cuando éramos niños nuestros padres nos las enseñaron. Con el tiempo las olvidamos porque nos hicimos adultos y llegamos a considerar esas palabras como cosas de niños. Pero si lo analizamos bien, tal como lo dijo Robert Fulghum en su libro *Todo lo que realmente importa lo aprendí en el jardín de niños*, los secretos más valiosos de la vida los aprendimos en el kínder. Los niños son poderosos porque aplican mejor que nunca la proximidad.

Las siete palabras mágicas de los niños están íntimamente ligadas al primer principio de *poder legítimo*.

1. **Saludar:** *siempre que llegues a un lugar saluda a las personas, míralas de frente, sonríeles, hazles saber que te da gusto verlas.*

2. **Despedirse:** *siempre que te retires, no solo te escabullas, diles a las personas "adiós" de manera amable y atenta.*

3. **Dar las gracias:** *cada vez que puedas, agradece a otros lo que han hecho por ti, aunque sea una insignificancia.*

4. **Dar elogios:** *observa los aciertos y cualidades de otros y díselos.*

5. **Pedir disculpas:** *no te creas con el derecho de incomodar o dañar a alguien más, si lo hiciste pide disculpas.*

6. **Pedir permiso:** *cuando vayas a hacer algo que afecte a otros pide permiso amablemente.*

7. **Pedir las cosas por favor:** *nunca exijas que te den o te apoyen de manera altanera, pide todo por favor.*

El segundo principio del poder legítimo es el SERVICIO.
Este principio obedece a una ley. Como la ley de la gravedad. Como la ley de causa y efecto. Como las leyes de Newton. Las leyes naturales son infalibles e inquebrantables. Y esta es una de esas leyes: si quieres ser el primero deberás ser el último y el servidor de todos. El arrogante, que no quiere servir, a la larga es el más débil, porque los últimos serán los primeros y los que se exalten a sí mismos y se crean más que todos, serán los más debiluchos.

Al empequeñecernos por amor nos volvemos poderosos.
Esa es la gran paradoja de la vida: El que ama se vuelve VULNERABLE. Y la vulnerabilidad nos da poder. (Tal vez esa es otra de las razones por las que los niños son poderosos). Es lo contrario a lo que muchos creen. La mayoría piensa que para tener poder se requiere ser invencible, pero es todo lo contrario: el poder legítimo se consigue solo si servimos a los demás.

El tercer principio del poder legítimo es la VALENTÍA. En ese sentido ser valientes no significa ser agresivos ni temerarios ni estar dispuestos a arriesgar la vida de manera inútil. La valentía del poder legítimo tiene que ver con dar la cara a los problemas de la vida y enfrentar las responsabilidades que hemos adquirido.

Una persona valiente es la que responde. Responde la llamada telefónica que no quiere recibir, responde la pregunta que no quiere contestar. Responde la solicitud de ayuda o colaboración que alguien le hace. A veces responde que no, que no puede, que no quiere, pero siempre responde.

La valentía se demuestra sabiendo renunciar. Es valiente quien renuncia a aquello que le apetece, pero no le conviene. Un hombre valiente es el que, teniendo ganas de ser infiel a su esposa, le dice que no a la ocasión clara y flagrante de caer. Una persona valiente es la que, teniendo gran necesidad de dinero, renuncia a robar, a hacer negocios ilícitos o a engañar a alguien para sacar provecho.

Ser valiente es arriesgarse a vivir. Con toda intensidad y con todos los peligros que eso conlleva. Es adaptarnos al trabajo en circunstancias adversas y no perder de vista las cosas importantes.

Ser valientes es sanar las heridas. Es reconciliarnos con nuestros familiares con los que nos hemos distanciado. Es poner nuestras prioridades en orden, apagar el monitor al que estamos conectados de día y de noche para organizar reuniones familiares en las que hablemos de

Ninguna crisis es más fuerte que tú

corazón, con intimidad sobre cómo la estamos pasando, y en las que nos demos esperanza y aliento unos a otros. Se necesita más valor para hacer una llamada conciliadora y pedir perdón que para hacer una llamada agresiva y reclamar.

Ser valientes es convivir sin envidias y sin pleitos. Arreglar nuestras diferencias, reírnos, jugar, divertirnos, volver a ser familia.

Estos son los tres principios del poder legítimo. PROXIMIDAD, SERVICIO Y VALENTÍA. Si los vivimos, saldremos de la crisis mejor que como entramos.

37

Me quedé en el jardín, junto al caballo roto, con mi amigo Salvador.

Eran seis y media de la tarde y, por el horario de invierno, ya había oscurecido casi por completo. Curiosamente hacía menos frío que en la mañana.

Noté que ya no se percibía la cúpula de melancolía en el lugar. La energía de muerte que ensombrecía la finca se había ido.

—Acompáñame a prender las luces —dijo Salvador caminando hacia un poste del estacionamiento.

Lo seguí. Subió el apagador. Varias lámparas de luz cálida alumbraron el césped y la fachada de la casa.

Era un lugar apacible.

—Voy a tener que hipotecar esta propiedad —me dijo—. O venderla. Mi padre me la heredó a mí. Pero las cosas están tan difíciles que no veo la forma de sobrevivir.

—Salvador —contesté—, tal vez no necesites deshacerte de esta finca. Si recuperas el enfoque en el día a día, quizá encuentres un mundo de opciones creativas.

—Se dice fácil.

—Amaia tiene una empresa de capacitación que acaba de quedarse sin gerente operativo, y tú tienes años

Ninguna crisis es más fuerte que tú

de estudio y práctica como director universitario. Tal vez es tiempo de subirse al mismo barco y remar juntos. Ah. Por cierto, Chava también necesita que lo inviten al barco.

—Chava es muy rebelde... No lo conoces bien.

—Amigo, tienes razón. Yo acabo de conocer a tu familia hoy. Apenas vi una pequeña muestra de cómo es. Pero me enteré de cosas que tal vez tú no sabes: Chava sufre de una fuerte adicción al alcohol y a las drogas estimulantes. Hoy llegó a la casa intoxicado, cruzado, y estuvo vomitando hasta convulsionarse. Necesita ayuda urgente. ¡Urgente! Amaia consiguió que lo acepten en un centro de desintoxicación. Pero tú debes ir con ellos para arreglar todo. Tus hijos no pueden estar solos en estos momentos.

—Claro.

—Amigo, voy a decirte algo que tal vez te lastime. Amaia me escribió ayer. Me dijo que se sentía muy cansada de luchar contra tu negativismo; que toda la vida trató de ganarse tu cariño, pero que solo tuviste ojos para tu hijo mayor. Ella siente que cuando su mamá murió, ella y su hermanito quedaron huérfanos de padre y madre. ¡Tu hija es una mujer muy inteligente y capaz, pero se siente sola! ¡Por eso ha caído en los brazos de hombres como Mauro! Ella necesita desesperadamente que la abracen.

Nos detuvimos cerca de mi auto. Era tiempo de despedirme. La visita de esa mañana, planeada para una hora, se alargó a nueve.

—Gracias, José Carlos. Mi esposa —lo dudó—, tu amiga entrañable —se atrevió a decirlo—, debe estar muy agradecida también porque nos visitaste.

—Más bien, Ariadne debe estar muy contenta por el gran marido que Dios le dio, y por el tiempo que pudo disfrutarlo.

Salvador apretó los labios torciendo la comisura como si luchara contra pensamientos ambiguos.

—Si Dios existe, ¿por qué permitió que nos pasara todo lo que nos ha pasado?

Era la interrogante eterna.

—No lo sé —contesté—. Pregúntale a Él.

No se esperaba mi respuesta.

—¿Cómo?

—Salvador, cuando tenemos un enojo por algo que no entendemos, casi siempre le reclamamos a la Fuerza Omnipotente poniéndonos al tú por tú. Pero no nos sentamos tranquilamente a escuchar.

Me observó con atención.

—Sigue.

—Así como Amaia necesita tu abrazo, después de la tragedia, tú necesitas el abrazo de Dios.

Negó con la cabeza.

—Él hace tiempo que no nos visita por aquí.

—Te equivocas. El problema es que no lo escuchas, porque hay mucho ruido en tu cabeza. Cuando estamos frente a una situación de adversidad, la mente se pone a imaginar cosas y todo lo exagera; hace historias de terror. Es agotador luchar contra el cerebro obsesivo por-

Ninguna crisis es más fuerte que tú

que insiste en escenarios que ni siquiera son ciertos, pero nosotros tenemos control sobre eso. Si queremos. Así que acalla tus pensamientos y platica con Dios. Dile: "Señor, tú sabes lo que me preocupa; conoces mis heridas del alma, mis cicatrices, y sabes lo que necesito". No tengas miedo a mostrarte vulnerable con Él. Dile, como Amaia dijo cuando escribió acerca de ti: "Papá, necesito tu abrazo; necesito saber que estás conmigo, necesito tu consuelo, tu protección; no entiendo por qué o para qué me pasó todo lo que me pasó, y tampoco quiero exigir respuestas; solo necesito tu abrazo".

Salvador había bajado la guardia.

—Cuando he hablado con Dios, solo le pido cosas —reconoció.

—Sí. Eso hacemos todos. Le pedimos su ayuda, su intervención, sus milagros. Pero pocas veces o ninguna, le pedimos su presencia, su abrazo, su caricia en el alma.

—Mmh —emitió una interjección vaga.

—Y cuando se lo pides con toda humildad y anhelo —proseguí—, Él te da ese abrazo; puedes sentirlo en el espíritu, el cuerpo desfallece y el corazón late más rápido. ¡Entonces los problemas se ven tan pequeños!; ¡las cosas por las que estábamos preocupados se vuelven tan insignificantes! Estando unos segundos ante su omnipotencia, su luz y su amor, nos llenamos de una energía que no es nuestra. Entiende: hay ocasiones en que tus recursos, pensamientos y fuerzas, jamás van a ser suficientes para que te levantes. No hay manera de que un individuo tan pequeño como tú o como yo logre entender la magnitud de la creación; no hay forma de que carguemos con nuestra energía limitada los problemas que humanamente no tienen solución. Por eso, necesitamos buscar la forma de tener un tiempo a solas con nuestro Padre de amor. Porque Él te está esperando para decirte: "Descansa en mí". Él te quiere abrazar y decirte sin palabras, pero con absoluta claridad: "Estoy contigo, te veo, te escucho, me interesas, te amo, no te angusties, todo va a estar bien".

Llegamos a mi auto. Saqué las llaves.

Salvador no me permitió irme todavía.

—Voy a hacer lo que me estás sugiriendo —aceptó—. Pero, perdón que lo pregunte, ¿tú lo has hecho?

—Sí...

—¿Y cuál ha sido tu —escogió la palabra— experiencia?

—He aprendido, buscando a Dios y leyendo su Palabra, que en esta vida todos vamos a pasar por momentos difíciles; todos; ¿comprendes la magnitud de la palabra *todos*?, pero también he aprendido que, a pesar de los problemas, si aprendemos a llenarnos con la Fuente de Amor, tarde o temprano las cosas malas se volverán a nuestro favor.

Salvador apretó una mano dentro de la otra. Apoyó su espalda en el auto. Proseguí:

—Por eso, amigo, no te dejes vencer. ¡Vive día a día! ¡Vive paso a paso! ¡Que no te preocupe el futuro!, solo ocúpate del día presente. Ocúpate de crecer hoy. Este día importa. Hazlo valer.

Sabía que era hora de despedirme, pero recordé algo importante.

Ninguna crisis es más fuerte que tú

—Tuve un maestro en la Universidad que siempre nos decía: "Las crisis son para crecer, no para morir; ¡pase lo que pase y duela lo que duela, hoy vamos a aprender algo!". Ese era su eslogan. Al final de todas sus clases, ese maestro nos obligaba a repetir una frase. Nos daba la pauta diciendo: "Hoy aprendí algo", y nosotros contestábamos: "Y estoy creciendo". Era el punto final de sus lecciones.

"¿Sabes por qué era increíble lo que él nos decía y por qué marcó mi vida? Porque aquel profesor tenía una enfermedad degenerativa que lo obligaba a andar encorvado. Cada semestre empeoraba; primero fue a la escuela con bastón, luego con andadera, y finalmente en silla de ruedas. Como en nuestra universidad no había rampas, los alumnos lo cargábamos para entrar al aula. Y él daba excelentes clases; preparadas y dinámicas.

"Un día, al calvario de su discapacidad, se le sumó otra tragedia terrible: su hijo mayor falleció en un accidente. Ocurrió el fin de semana. Los alumnos de la escuela nos enteramos tarde. No pudimos apoyarlo en el sepelio. Pero el lunes, contra todo lo lógico ¡se presentó a trabajar! Impartió su clase como siempre. Aunque fue una clase mucho más breve y desorganizada. Al final nos dijo:

"—Hoy aprendí algo.

"Todos sus alumnos contestamos conmovidos:

"—Y estoy creciendo.

"Permanecimos en un silencio profundo mientras él acomodaba sus cosas. Al ver que ninguno de sus alumnos nos movíamos de las sillas, confesó:

"—Ustedes disculparán por la clase que les acabo de dar. Pero estoy muy mal. Mi hijo acaba de fallecer. Yo ya no puedo caminar. Y la angustia me causa tal sofoco que apenas puedo respirar. Ustedes no se imaginan el dolor que se siente al perder un hijo. Estoy seguro de que no existe un dolor más fuerte en el mundo. Quien pierde a un hijo lo pierde todo. Sin embargo, en las noches cierro los ojos y me esfuerzo por analizar lo que aún me queda. Tengo dos hijos más. Tengo una esposa que necesita de mi apoyo. Ya no puedo caminar, pero aún puedo pensar, puedo hablar, puedo impartir clases. Sí... Mi hijo falleció, porque seguramente ya cumplió lo que tenía que hacer en esta tierra. Yo no lo he cumplido. No he terminado. Yo sé que mi mente tiene poder sobre mi cuerpo. Por eso cuando mi cuerpo está mal, yo decido que mi mente esté bien. Y si me faltan las fuerzas me enfoco en dar un paso a la vez. Me concentro en eso. En el paso que sigue. Estoy en crisis, pero todos de alguna forma lo estamos. Aunque atravieso por una terrible adversidad, no soy el único en la Tierra. Yo decido que la crisis es para crecer, no para morir.

"El silencio en el salón de clases se extendió por un largo rato. Todos, inmóviles, literalmente paralizados, vimos al maestro terminar de guardar sus pertenencias. Cuando comenzó a mover su silla de ruedas hacia la salida, alguien gritó:

"—Hoy aprendí algo.

Y todos contestamos, con lágrimas en los ojos y voz quebrada:

"—Y estoy creciendo".

Ninguna crisis es más fuerte que tú

Salvador se había llevado las manos apretadas hasta la barbilla y había bajado la cara en un gesto de humildad y aceptación.

—Gracias, hermano. Gracias por venir.

—Gracias a ti por dejarme entrar a tu familia.

Abrí la puerta del auto.

—José Carlos —me dijo antes de que me subiera—, cuando Ariadne y yo éramos novios, un día ella me confesó que nunca en la vida se había comunicado con ningún amigo como se comunicaba contigo. Sé que te amaba. Y yo me llené de rabia.

Moví la cabeza.

—Mal hecho, Salvador. Peleaste mentalmente contra el enemigo equivocado. Ariadne y yo fuimos buenos amigos. Nada más. Tú fuiste su esposo, tuviste tres hijos maravillosos con ella; y yo tengo mi esposa a la que adoro y mis hijos, que, por cierto, se parecen a los tuyos.

—Ya veo. Te pido una disculpa.

—No, hombre —le di un fuerte abrazo—. Despídeme de Amaia y de Chava. Diles que seguiremos en contacto.

Seguro.

Me subí al auto y arranqué. Al salir de la finca mis luces alumbraron la escultura derribada.

Pensé que, si al morir podremos ver un compendio de nuestra existencia en imágenes presentadas de manera rápida, como una sucesión de fotografías, ese día sería de los más remarcables en mi colección de días.

También recordé que la vida continúa; mi esposa y mis hijos me esperaban; también mi visión, a la que ahora le estaba añadiendo la posibilidad de escribir la historia de Salvador y sus hijos. Hablaría con ellos para pedirles permiso.

De pronto me resultó muy importante darle a mis lectores y amigos un mensaje. Incluso me resultó imperioso pedirles que ellos mismos se volvieran voceros del mensaje.

Una frase.

Muy simple:

Todos podemos hacer de nuestra vida una gran vida, si nos enfocamos en hacer de cada día un gran día.

Ninguna crisis es más fuerte que tú

CLUB "CREADORES DE DÍAS GRANDIOSOS"

VIDEOS COMPLEMENTARIOS

 Alcanza cualquier meta

 El virus que cambió el mundo

 ¿Cómo salir de cualquier agujero? Empieza desde aquí

 Mentalidad fuerte

 Rutinas para activar un gran día

Que no te manipulen

 La caja maldita

 Una vida extraordinaria

 3 Secretos de un gran día

 Este día importa

 No mates a tu vaca

Ninguna crisis es más fuerte que tú

7 Frases mágicas para adultos

Estos versos cambiaron mi vida

No salgas igual de esta crisis

Abrazo de Dios

PUEDES VER TODOS LOS VIDEOS DEL CLUB

EN EL SIGUIENTE QR

Este libro se imprimió en noviembre de 2020
en los talleres de Litográfica Ingramex, S.A. de C.V.
Centeno 162-1, Col. Granjas Esmeralda,
Ciudad de México C.P. 09810
ESD 1e-48-8-M-3-11-2020